60대에 비로소 보이는 것들

60대에 비로소 보이는 것들

자기 성장에서 경제적 자유까지
인생의 조화와 행복을 위한 가이드

이상화 지음

좋은땅

인생 편지

날이 밝아 온다. 아침 7시에 문을 여는 스타벅스를 찾았다. 아메리카노 한 잔을 들고 올라온 2층의 정적과 밝음이 음악과 함께 기분을 좋게 한다. 북극 한파를 피해서 온 제주지만 제주 역시 눈 날림과 강풍은 서울 못지않다. 몰던 차를 가지고 왔다. 완도항에서 새벽 2시 30분 출항을 해서 제주항에서 하선하니 새벽 5시 30분, 네이버 검색을 해서 6시에 문을 여는 뽀글뽀글찌개 식당과 7시에 문을 여는 스타벅스 제주시청점을 다행히 잘 찾았다. 잘 찾는 시대에 살게 된 것이 한편으로는 다행이다.

제주도에 오기 전에 가장 많은 시간을 보낸 앱은 다름 아닌 챗GPT였다. 3.5에 이어서 바로 4.0이 나왔다고 해서 유료로 가입을 하고 나는 you가 되어 ChatGPT에게 지칠 정도의 질문을 했다. 놀랍기도 하고 한편으로는 무섭기까지 했다.

아내는 분당에서 음식점을 운영하는데 새로운 로고와 아이덴티티를 만들고 싶다고 해서 챗GPT를 알려 주었다. 프롬프트 작성법도 알려 주면서 직접 자연요리음식점에 맞는 로고를 5개 만들어 달라고 했다. 채소류의 잎사귀를 단순화한 결과물들이 빨리도 나온다. 아내도 놀랐는지 유튜브 영상을 보고 책도 보면서 새로운 세상을 탐닉하고 있다. 아내는 이미 숨고에서 로고 디자인 제작을 의뢰한 프리랜서가 있었는데 챗GPT의 결과물을 보여 주면서 미팅을 하니 자신은 아직 사용 전이라면서 무척 당황스러워했다고 한다.

이미 2024 다보스포럼에서 인공지능의 대표 연사들은 지식노동자의 상당수가 기존의 직업을 잃고 새로운 직업으로의 전환을 예측하고 있다. IMF 보고서 또한 이러한 이론적 배경을 뒷받침한다. 앞으로 생성형 인공지능을 적극적으로 활용하는 사람들이 보다 많은 부를 축적할 것이라고 한다.

한편으로는 챗GPT가 1인 가구, 특히 미혼 청년, 독거노인에게는 애인이나 친구 역할을 해 주는 서비스 모델이 나와서 큰 각광을 받을 것 같고 반면에 외국어 교육 관련 사업은 큰 위기를 맞이할 것으로 보인다. 정말 이렇게 빠른 변화에 어떻게 변신하는 것이 좋을까? 과연 빠른 변신만이 살 길인가?

대그룹의 임원이던 친구가 작년 말로 퇴직을 했다. 중고등학교 교사였던 친구들이 마지막으로 금년에 모두 퇴직을 한다. 물론 이미 많은 친구들이 은퇴를 하고 반백수 생활을 하고 있다. 그나마 의사나 변호사 등 전문직 친구들이 아직까지는 일을 하고 있어서 당분간 친구 모임에 물주 역할을 해 줄 것으로 기대해 본다.

나는 직장생활 17년, 자영업 사장 8년을 거쳐 한국비즈컨설팅(주)의 대표로 12년 차를 맞고 있다. 다행히도 지금의 내 직업인 경영컨설턴트 역시 정년이 없다. 70세 전후 선배님들이 현역에서 왕성하게 활동하시는 모습을 보면 나이에 얽매이지 않고 할 수 있을 때까지 현장을 누빌 것 같다. 참 묘한 매력이 있는 직업이다. 개인적으로는 이 매력을 '봉사'에서 찾고 있다. 오래 할 수 있는 근본이라고 생각한다.

지금의 30대는 스펙시대를 거쳐 자신의 일을 하고 있고 특히 공정이란 정신에 유독 강한 것으로 알고 있다. 직장조차도 평생직장이 아닌 성장의 기회 여부가 현재의 직장에 남아 있을 것인가, 이직할 것인가의 선택 기준이라고 한다. 그러나 앞으로 30년 뒤를 생각해 보라. 평균 100세 시대에 정년이 없는 삶, 일과 쉼의 경계가 없는 노후를 보내고 싶다면 어떤 직업과 조건을 갖추어야 할까? 답은 거의 정해져 있다.

여러 이유로 주민등록등본을 발급받아 이사한 기록을 보면 15번이 넘는다. 참 많이 했다는 생각이 든다. 대전에서 만나 결혼하고 서울에서 직장생활을 시작하면서 200만 원 보증금에 월세 6만 원을 내고 신혼생활을 시작했다. 안양시 관악아파트에서 시작해서 대치동을 거쳐 분당에 이르기까지 집의 변천사가 가정사가 되고 경제활동의 중심을 이루었다.

베이비붐 세대의 경제적 삶은 한마디로 부동산의 소유와 직결된다. 아파트로 꽤 유명한 브랜드 중에 e편한세상이 있는데 사실상 돌아보면 정확히 맞아떨어진다. 참 편한 세상이었는데 여러모로 아쉬움이 많다. 굳이 공부할 필요 없이 서울에 아파트 몇 채만 있으면 경제적 자유가 보장되는 시대는 지금도 진행형이다.

내가 처음 들어간 직장은 시중은행들이 합자해서 만든 한신증권이었는데 1987년 당시 종합주가지수가 500이 안 될 때였다. 입사해서 1년 만에 1000p를 찍었다. 이후 주가는 적어도 10년 주기로 큰 기회를 주었다. 이 기회를 잘 살린 친구들의 공통점은 기회가 왔을 때 매우 큰 금액으로 과감한 베팅을 하는 것이었다. 반대로 담이 적은 사람들은 지금까지도 별 재미를 못 본다. 물론 타이밍을 거꾸로 해서 망한 친구들도 부지기수이다.

자녀들이 떠나고, 물론 안 떠나서 더 걱정이지만 남은 부부의 경제적 자유는 매우 중요하다. 우리나라 역사상 자녀들보다 부모의 부가 많은 세대는 처음인 시대에 살고 있다. 부의 대물림이 아이들의 운명마저 고착화시킬 것으로 보인다.

지금 깨닫고 있는 타이밍을 조금이라도 미리 알려 주면 어떨까? 물론 최종 의사결정은 투자자 자신의 책임이다.

웰빙이 잘 살아가는 양식이라면 밸런스는 매우 중요한 삶의 균형추로서 지속가능력을 높여 준다. 밸런스는 자유와 책임의 균형점이

다. 자신의 자유만을 추구한다면 가정, 직장, 친구들 모두에게서 신뢰를 잃게 된다. 책임이 밑바탕을 구축하고 그 위에 국가와 사회의 틀 그리고 보편적 윤리의 범위 내에서 자유를 추구하여야 한다.

부부 사이에서도 밸런스를 유지해 나가는 노력과 지혜가 중요하다. 어느 한 사람의 희생만 강요된다면 가정의 화목은 오래가지 않는다. 남자 중심의 산업화 경제는 이미 고전이다. 라떼 이야기도 들어줄 사람이 많지 않다. 꼰대가 될 필요는 없지 않은가.

삶에서의 자유를 생각해 보면 건강과 많이 관련되어 있다. 친구나 지인 중에서 젊은 나이에 세상을 갑자기 떠난 사례를 보면 사고사가 아닌 이상 대부분 심장질환, 뇌경색 등 혈관성 질환이 많다. 여러 이유가 있겠지만 스트레스가 주 원인이라고 한다. 술과 담배, 쇼핑, 골프, 낚시와 여행, 주말 등산도 모두 자신의 스트레스 관리에 필요하다고 하지만 관계 지향적인 내 자신을 돌이켜 볼 때 자유와 책임의 밸런스를 잃은 적이 많았다. 자유와 책임, 두 축의 밸런스를 잘 유지하기 위한 건강한 삶의 방안은 무엇일까?

마지막으로 지난 전반부 삶을 돌이켜 보면 삶에는 중요한 의사결정 시점이 있다. 인생의 터닝포인트라 할 수 있는 중요한 시점이 누구에게나 다가온다. 어찌 보면 지금의 우리는 그런 의사결정의 결과가 합쳐진 모습이 아닐까? 대한민국에서 유달리 강한 학교의 선택, 결혼 배우자의 선택, 직장 또는 창업의 선택, 주택 구입 등 중요한 투자의 선택 등은 매우 중요한 의사결정이다. 이러한 의사결정을 할 때 잘 판단할 수 있는 유효한, 유익한 기준이나 지침은 없을까?

최근에 주위를 둘러보면 좋게 말해서 심사숙고이지 매우 단순한 의사결정임에도 결정장애를 가지고 있는 분들을 자주 본다. 결혼식이나 장례식장에 가야 할지, 축의금과 부의금은 얼마나 내야 할지 등 작은 단위의 의사결정도 쉽게 결정을 내리지 못하는 이유가 무엇일까?

대부분의 의사결정에는 타이밍, 절차와 기준이 중요하다. 그리고 그 결과에 대해 받아들여야 한다. 중요한 의사결정으로 인해 그 결과가 기대와 다르더라도 좌절하거나 포기하지 말라고 당부하고 싶다. 나도 살면서 도움이 안 되는 시간이 있었지만 지나고 보니 너무 소중하고 귀한 시간이었구나 깨닫게 된다. 비록 그 당시에는 맘에 들지 않았더라도 힘든 시간이 지나면 인생은 살 만하다는 것을 알게 된다.

이 책은 필자가 경험한 삶을 통해 알게 된 세상을 살아가는 지혜와 방법론에 대하여 30대가 된 젊은 세대들에게 전달하는 내용으로 구성되어 있다. 그 주체는 이제 학교를 졸업하고 취업과 결혼을 앞둔 싱글 남녀, 결혼해서 가정을 이루는 부부, 다양한 분야에서 인정받기 위해 열심히 노력하는 청년 사업가 그리고 자신의 영역에서 스페셜리스트가 되고자 부단히 노력하는 전문 자격사가 될 수 있다. 물론 시대를 같이 살아가는 베이비붐 세대도 포함된다.

이 책을 통해서 자신이 삶의 과정에서 성공을 위한 지름길로 생각했던 많은 노력들이 얼마나 행복과는 거리가 멀고, 진정으로 소중한 사람들을 잊고 살았는지 깨닫게 되는 계기가 되길 바란다.

분명한 것은 세상은 변한다는 것이다. 변화는 바람이고 바람은 곧 가치이다. 직장이 아닌 직업으로, 취업이 아닌 창업으로, 일확천금이 아닌 지속가능성으로, 상사와 부하가 아닌 파트너 관계로, 성 평등의 사회로 바람이 분다. 과거 베이비붐 세대의 관행을 답습하지 말고 새로운 미래 트렌드에 맞춰 청년 세대들이 조화롭고 행복한 삶을 누리는 데 방향이 되길 바란다.

마지막으로 인생의 중요한 의사결정을 할 때 어떤 기준을 가지고 후회 없는 선택을 할 것인가에 대한 물음에 대한 답이다.

지금 알고 있는 걸 그때도 알았더라면 내 가슴이 말하는 것에 더 자주 귀 기울였으리라. 더 즐겁게 살고, 덜 고민했으리라.

－'지금 알고 있는 걸 그때도 알았더라면', 킴벌리 커버거(Kimberly Kirberger)

안덕면 광평리에서 심산(心山)

사랑하는 가족에게

| 목 차 |

1부

평생의 여정,
일과 학습의 조화

1

인생의
길이 된 사람

사람은 태어나 성장하고 학교생활, 직장생활, 결혼생활과 은퇴 후 노년기를 거쳐 세상과 이별하는 것이 일반적인 삶의 주기입니다. 지금은 고인이 되신 제 부모님 또한 그렇게 삶을 살아오셨기 때문에 세상에 대한 생로병사를 저 또한 당연히 그렇게 생각하며 살아왔습니다.

2024년 새해를 맞아 버킷리스트의 하나인 제주도 한 달 살기를 단행했습니다. 한 달 살기 내내 많은 생각을 하게 만든 주제는 연초 〈매일경제〉신문을 통해 게재된 인터뷰 기사였습니다. 세계경제포럼에서 보스턴컨설팅그룹(BCG)의 크리스토프 슈바이처 CEO가 대한민국 국민에게 충고를 하는 내용으로 '늙어 가는 한국에서 살아가기 위해서는 평생 공부하고 일하는 삶에 익숙해져야 합니다'는 이 발언은 노후를 준비하는 저에게 많은 숙제를 던져 주었습니다.

인생주기 관련 가장 전문적으로 연구하는 산업은 보험업입니다. 보험회사의 주된 사업영역은 크게 생명보험과 손해보험으로 나뉘는

데 우리가 많이 접하고 있는 생명보험 회사의 홈페이지를 들어가 보면 다음과 같은 라이프 사이클 그림과 함께 다양한 필요 자금 등을 상품화하여 설명하고 있습니다.

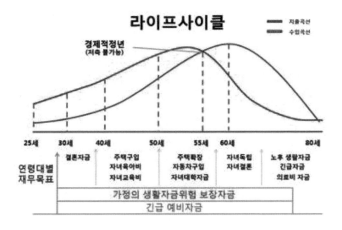

출처: 파이낸스코리아, 2018.05.09.

늙어 가는 한국

먼저 크리스토프 슈바이처의 주장 중에 '늙어 가는 한국'에 대해서 통계청의 KOSIS자료를 근거로 부연 설명을 하면 다음과 같습니다. 2024년 1월 기준, 대한민국의 총 인구는 51,751,065명이고 중위연령은 46.1세입니다. 중위연령이란 총인구를 연령순으로 나열할 때 정중앙에 있는 사람의 해당 연령을 말합니다. 유엔(UN) World Population Prospects 기반 2000년부터 2030년까지 OECD 회원국 중 중위연령이 가장 높은 국가는 2023년에 일본(49.1세), 2050년에는 대한민국(56.7

세)이 될 것으로 전망하고 있습니다. 국가별 기대수명 결과 역시 2050년 기준 일본이 88.3세로 1위이고 대한민국은 87.4세로 스위스, 이탈리아, 스페인에 이어 5위이나 그 차이가 1년이 안 납니다. 반면에 베트남의 중위 연령은 35.5세, 인도는 28세로 상대적으로 젊습니다.

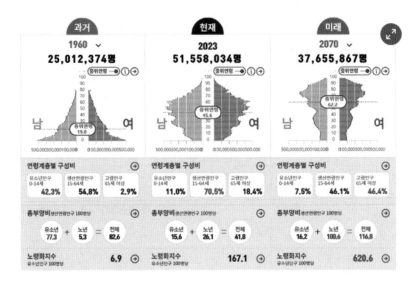

위의 그림을 보면 1960년대는 어른들이 아이 낳아 키우는 것이 얼마나 힘들었을까가 보이고, 2024년 기준 허리가 튼튼한 모습은 그래도 균형을 갖추고 있는 모습이 한국에서 가장 살기 좋은 기간이 아닐까 추론합니다. 이제 30년 뒤의 모습은 젊은 사람들이 노인들을 부양하느라 고통스러운 기간이 되지 않을까가 한눈에 보입니다. 시니어 세대 대상의 사업이 급증하고 지금 문제가 되어 있는 입시나 주택문제, 청년 실업율 문제 등은 자연적으로 완화될 것입니다. 지금의 베이비붐 세대는 대한민국 역사상 가장 행복한 역사의 중심에 있는 것입니다.

EBS 교육방송 다큐멘터리 〈인구 대기획 초저출생〉 방송 화면에서 "대한민국 완전히 망했네요. 와!" 조앤 윌리엄스 미국 캘리포니아대 법대 명예교수는 한국의 합계출산율이 0.78명이라는 사실을 듣고 양 손으로 머리를 부여잡으면서 믿기지 않는다는 듯 "그 정도로 낮은 수 치의 출산율은 들어본 적도 없다."라고 했습니다. 우리가 그동안 살아 온 생애주기 관념이 완전히 흔들리고 있는 것입니다.

'저출생 고령화가 급격히 진행 중인 대한민국에서 지금 살아가고 있는 세대들은 무엇을 준비하여야 할까?'에 대한 질문에 크리스토퍼 슈바이처는 "평생 공부하고 평생 일하는 삶에 익숙해져야 한다."고 하 면서 그 근거로서 고령화는 사회의 변화를 야기하고 특히 대한민국은 더 큰 영향을 받을 것이며 정부, 기업과 개인 각 주체들은 철저한 대비 가 필요하다는 점을 강조하였습니다.

각 개인들은 학교 교육 후 직업 활동을 하다가 은퇴하던 전통적인 생애주기에서 벗어나야 합니다. 베이비붐 세대들이 살아온 직장생활 과 지금의 30대가 겪고 있는 경제적 터전에는 많은 차이가 있습니다. 우선 베이비붐 세대들은 평생직장, 그것도 남자 중심의 1인 수입으로 도 가정생활에 큰 어려움이 없었던 세대입니다. 반면에 차세대인 지 금의 30대는 남, 여 구분 없이 두 번째, 세 번째 직업을 구할 수 있어야 합니다.

생성형 인공지능이 가져올 기회와 위기, 기후 위기와 환경오염의 대응, 4차산업을 중심으로 한 기술 발전의 속도는 기존의 세대와는 차원이 다른 혁신과 노력을 요구할 것입니다. 20세기 이후 다음 세대의 지원을 기대하지 못하는 최초의 세대, 경제적 주체로서 두 번째, 세 번째 새로운 직업을 갖기 위해서 또는 동시에 여러 개의 직업을 유지하기 위해서 평생 공부할 수밖에 없는 세대가 바로 지금의 30대입니다.

우리나라의 노인 기준 연령은 65세입니다. 미국도 마찬가지입니다. 경제개발 계획을 수립한 1964년에 도입해 현재까지 모든 복지정책의 기준선으로 적용하고 있습니다. 정부는 최근에 '인구구조 변화 대응 방안'을 발표하며 노인 기준 연령의 조정 검토를 시사하였습니다. 한국보건사회연구원 조사 결과 약 78% 이상이 70세를 노인의 적정 연령으로 응답한 것을 보면 노인 기준을 현행 65세에서 순차적으로 70세까지는 올릴 것으로 보입니다. 결국 노인들에게 주어지는 각종 복지혜택을 줄이기 위해서입니다. 반면에 정년의 연장이나 계속고용제도 등이 뒤따를 것입니다.

미래의 국가 경제 규모 결정요인은 '인구'

글로벌 투자은행(IB)인 골드만삭스가 2022년 발표한 '2075년으로 가는 길'이라는 제목의 경제 전망 보고서를 보면 세계 경제는 향후 30~50년간 글로벌 국내총생산(GDP) 성장의 무게가 아시아 쪽으로 더 기울 것이며, 현재 1%대인 세계 인구증가율은 2075년엔 0%에 수렴해 미래의 경제 규모를 가를 핵심 요소는 인구가 될 것이라고 합니다.

저출산과 고령화에 시달리는 선진국과 달리 인구가 꾸준히 증가하는 인도·인도네시아·파키스탄 등 아시아 개발도상국과 이집트·나이지리아 등 아프리카 국가들의 경제 규모가 급부상할 것이며, 우리나라는 출산율 세계 꼴찌로서 2075년에는 필리핀, 말레이시아 등 아시아 국가들보다 뒤처질 것이라는 전망입니다.

이에 따라 2022년 현재 미국·중국·일본·독일·인도 순인 세계 톱5 경제 대국은 2050년 중국·미국·인도·인도네시아·독일 순으로 바뀔 것이고, 중국이 미국을 제치고 경제 1위로 올라서는 한편 인도와 인도네시아가 무서운 기세로 성장할 것이라는 시나리오입니다. 2075년엔 중국과 인도, 미국, 인도네시아, 나이지리아가 세계 5대 경제 대국을 구성할 것으로 전망합니다.

이러한 경제 규모의 추이를 살펴보면 경제성장의 핵심 결정요인은 인구라는 것을 쉽게 알 수 있습니다. 우리나라는 수출로 먹고사는 나라입니다. 중국을 중심으로 한 생산 거점 투자는 이제 베트남을 비롯하여 급격히 동남아시아 국가로 빠르게 재배치되고 있습니다. 골드만삭스의 전망에 동의한다면 지금의 젊은 세대는 동남아시아 지역을 중심으로, 뒤를 이을 미래의 차세대들은 아프리카 지역을 중심으로 부를 창출할 것으로 전망됩니다.

국가별 경제규모 순위

Ranking	1980	2000	2022	2050	2075
1	United States	United States	United States	China	China
2	Japan	Japan	China	United States	India
3	Germany	Germany	Japan	India	United States
4	France	United Kingdom	Germany	Indonesia	Indonesia
5	United Kingdom	France	India	Germany	Nigeria
6	Italy	China	United Kingdom	Japan	Pakistan
7	China	Italy	France	United Kingdom	Egypt
8	Canada	Canada	Canada	Brazil	Brazil
9	Argentina	Mexico	Russia	France	Germany
10	Spain	Brazil	Italy	Russia	United Kingdom
11	Mexico	Spain	Brazil	Mexico	Mexico
12	Netherlands	Korea	Korea	Egypt	Japan
13	India	India	Australia	Saudi Arabia	Russia
14	Saudi Arabia	Netherlands	Mexico	Canada	Philippines
15	Australia	Australia	Spain	Nigeria	France

출처: 골드만삭스 Global Investment Research

인생의 길이 된 사람(路人)

우리는 노인 대신 어르신이란 표현도 사용하는데 이는 1998년 한국사회복지협의회가 노인 호칭 현상 공모를 통해 선정한 말이고, 미국에서는 시니어라는 표현 대신에 '골든 에이지'라는 말을 함께 사용하는데 인생에서 가장 빛나는 시절이란 의미에서 긍정적입니다. 노인의 늙을 노(老) 자를 길로(路) 자로 바꾸어 '인생의 길이 된 사람(路人)'으로 노인을 존경하는 문화를 만들어 가는 것도 의미가 있다고 생각합니다. 늙기는 해도 낡지는 말아야 합니다.

정부의 1년 예산을 보면 쉽게 이해가 갑니다. 2024년 정부예산 약 657조 원에서 보건, 복지, 고용 예산이 243조 원으로 전체의 37%를 차지하고 있습니다. 교육이나 국방, R&D 예산 증가율보다 엄청나게 높은 증가율을 보이고 있으니 젊은 세대들의 부담은 계속 늘어날 수밖에 없습니다. 세월호 사건 이후 선배 세대로서 미안한 마음이 계속 커지고 있습니다.

이런 미안함을 뒤로하고 가짜뉴스이긴 하지만 UN에서 정했다는 평생연령 기준이 재미있습니다. 태어나서 17세까지는 미성년자, 18세부터 65세까지는 청년입니다. 사이다 같은 시원한 기준입니다. 노년이라는 기간은 80세 이후부터이고 100세 이후를 장수노인이라고 기준을 발표하였다니 우리 모두가 젊어지는 기분입니다. 우리나라는 봄, 여름, 가을, 겨울이 주는 사계절의 특징이 뚜렷합니다. 65세까지는 여름인 것 같아 노령화, 초고령화라는 부정적인 어감보다 다소 힘이 납니다.

가천대학교 이길여 총장, 저를 포함해서 많은 분들이 존경하고 사랑하는 분입니다. 얼마 전 회고록《길을 묻다》를 출간하였습니다. 회고록에서 이길여 총장은 자신의 유년 시절부터 현재에 이르기까지 현실에 안주하지 않고 꿈을 향해 도전하는 모든 순간들을 정리하고 있습니다. 이길여 총장의 호(號) '가천(嘉泉)'은 한국정신문화연구원장을 지낸 류승국 박사가 지은 것으로 아름다움이 샘처럼 솟아난다는 뜻이라고 합니다. 호가 주는 이미지가 지금의 이길여 총장과 잘 매칭

됩니다.

90대 초반의 이길여 총장이 가천대학교 축제 무대, 수많은 학생들 앞에서 싸이의 〈강남스타일〉 말춤을 추는 동영상은 세간의 이목을 끌기 충분했습니다. 유튜브 동영상 조회수가 350만을 넘겼습니다. 오죽하면 이길여 누님이라는 애칭이 생길 정도입니다. 특히 동안의 대명사이자 웰에이징의 국가대표입니다.

책이나 인터뷰 영상을 통해서 이길여 총장을 접할 때마다 가장 궁금한 것, 바로 늙지 않는 비결이 궁금했습니다. '간절히 꿈꾸고 뜨겁게 도전하라'를 강조한 이길여 총장의 일에 대한 열정이 동안과 젊음의 비결이라고 합니다. 나이가 들었다고 멈추면 죽는 것이니 평생 죽을 때까지 공부하고 일할 것을 강조합니다. 이는 100세 철학자 김형석 교수의 늙지 않는 비결과도 같아 모두가 명심해야 할 삶의 방향입니다.

2

바람의 노래

제주의 바람은 강하기로 유명합니다. 요 며칠 밖을 나가기가 겁날 정도의 강풍이 몰아쳤습니다. 잠깐이라도 숙소 밖을 나가면 얼굴이 따갑고 숨을 쉬기가 어려울 정도입니다. 겨울철 가장 인기 있는 회가 방어회입니다. 전국에서 8kg이 넘는 대방어가 가장 많이 잡히는 포구가 제주도의 최남단에 있는 모슬포항입니다. 모슬포는 제주도에서도 가장 많은 바람이 불어 사람이 못 살겠다 하여 못·살·포가 모슬포로 바뀌었다는 설도 전해 옵니다.

바람은 변화입니다. 바람은 자유로움과 여행의 상징이기도 합니다. 기업가정신 측면에서는 바람은 '새로움'이라고도 할 수 있습니다. 다른 면에서 보면 거센 바람은 지금까지 어렵게 구축한 모든 자원을 한순간에 날려 버리기도 합니다. 제주도에서 만난 유명한 예술가들의 작품 속에는 바람을 통한 영감이 녹아 있습니다. 그런 면에서 바람은 가치입니다. 바람에 의해 날려지는 자신이 아니라 가치를 창출하는 바람에 자신이 올라타야 합니다.

지금 우리가 겪고 있는 환경의 변화는 눈보라 속에 얼굴을 때리는 강풍과 같습니다. 심지어 방향도, 크기도 가늠할 수가 없습니다. 개인의 능력을 초월하는 거대한 바람 속에서 살기 위해서는 잘 적응하여야 합니다. 개인적으로 좋아하는 노래 중에 가수 조용필의 〈바람의 노래〉가 있습니다. 언제부터인지 유명 가수의 노래를 들으면 그 가사를 하나하나 음미하게 됩니다.

> 보다 많은 실패와 고뇌의 시간이
> 비켜갈 수 없다는 걸
> 우린 깨달아야 해

> 이제 그 해답이 사랑이라면
> 나는 이 세상 모든 것들을
> 사랑하겠네

급변하는 트렌드

변화를 잘 읽고 적응해 나가는 방안으로 수많은 트렌드 소개가 있습니다. 매년 11월부터 시작하는 트렌드 전망의 시작은 서울대 김난도 교수팀의 《트렌드 코리아》입니다. 세상을 보는 눈을 갖기 위해 저를 포함한 수많은 독자층이 매년 꾸준히 이 책을 사서 보고, 강의를 듣고 합니다. 트렌드 코리아의 2024 키워드는 청용을 타고 비상하는 염

원을 담아 'DRAGON EYES'입니다.

'DRAGON EYES'를 간단히 소개하면 분초사회, 호모프롬프트, 육각형인간, 버라이어티 가격전략, 도파밍, 요즘 남편 없던 아빠, 스핀오프 프로젝트, 디토소비, 리퀴드 폴리탄, 돌봄경제입니다. 나는 연말 전후로 오프라인 세미나나 유튜브에서 김난도 교수의 강의를 몇 번씩 듣습니다. 경영컨설턴트로서 제가 만나야 할 중소기업과 소상공인, 스타트업 대표와의 미팅에서 매우 큰 도움을 받고 있기 때문입니다. 최근 5년간(2020~2024)의 트렌드 코리아 키워드를 정리해 보면 다음과 같습니다.

트렌드 코리아 키워드(2020~2024)

구분	2020	2021	2022	2023	2024
01	멀티 페르소나	브이노믹스	나노사회	평균 실종	분초사회
02	라스트핏 이코노미	레이어드 홈	머니러시	오피스 빅뱅	호모 프롬프트
03	페어 플레이어	자본주의 키즈	득템력	체리슈머	육각형 인간
04	스트리밍 라이프	거침없이 피보팅	러스틱 라이프	인덱스 관계	버라이어티 가격 전략
05	초개인화 기술	롤코라이프	헬시플레저	뉴디맨드 전략	도파밍
06	팬슈머	오늘 하루 운동	엑스틴 이즈 백	디깅모멘텀	요즘남편 없던아빠
07	특화생존	N차 신상	바른생활 루틴이	알파세대가 온다	스핀오프 프로젝트
08	오팔세대	CX 유니버스	실재감테크	선제적 대응기술	디토소비
09	편리미엄	레이블링 게임	라이크 커머스	공간력	리퀴드 폴리탄
10	업글인간	휴먼터치	내러티브 자본	네버랜드 신드롬	돌봄경제

출처: 《트렌드 코리아》

경영컨설턴트는 다양한 경제주체의 변화관리자로서 중요한 역할을 수행하기도 합니다. 조직의 내외부 환경분석과 경영 진단에서 도출된 성공전략과 세부 추진계획의 이행을 촉진하는 과정, 이를 통해 조직과 개인의 성공적인 변화를 이끌어 냄으로써 상당하는 대가를 받게 되는 것입니다.

어찌 보면 시대의 트렌드를 한발이라도 앞서서 변화에 적응하고자 노력하는 사람이 경영컨설턴트입니다. 금년 초 많은 경영컨설턴트가 챗GPT 전문교육을 이수하고 국가공인 자격증은 아니지만 AI 전문가 자격증을 페이스북과 SNS에 올리고 있으며, 시중 서점에 다수의 공동저자로 생성형 인공지능시대에 생존하는 법, 인공지능 기술을 활용하여 생산성을 높이는 방법 등 다양한 도서를 출간하고 있습니다. 시장의 흐름이 보이기 때문입니다.

불과 3년 전에는 ESG 경영이라는 트렌드 키워드가 경영컨설팅의 큰 화두가 되었습니다. 현재도 진행형이긴 하지만 수많은 경영지도사, 기술지도사, 인증 전문가 등이 전문교육을 받고 도서를 출간하고 민간기관의 자격증을 취득하고 강좌를 개설하였습니다. 자신들이 만들어 낸 메가 트렌드는 아니지만 경제적 주체에게 미칠 영향을 분석하고 한발 앞선 적응이 퍼스널 브랜드와 소득의 격차를 크게 벌리기 때문입니다.

하나 더 추가하면 2010년대 중반 이후 '디지털 트랜스포메이션'이라는 메가 트렌드가 산업계를 흔들었습니다. 정부의 지원정책과 함께 스마트공장, 스마트공방이라는 새로운 시장이 열렸으며 IT 컨설팅 회사를 중심으로 관련 기업들이 높은 경영 성과를 달성하였습니다. 중소벤처기업부의 스마트 제조혁신 기술개발사업은 현재도 추진 중이며 스마트공장 사업관리시스템(www.smart-factory.kr)을 중심으로 2024년 책정 예산만 119.3억 원이나 됩니다.

이와는 반대로 트렌드에서 그 영향이 줄거나 아예 빠지는 변화도 있습니다. 대표적인 축소 정책이 시민사회 단체와 사회적경제 조직에 대한 지원제도입니다. 이는 정치적인 환경 변화가 큰 영향을 준 것이라고 생각합니다. 2012년을 기점으로 우리나라에 붐을 일으킨 대표적인 사회적경제 조직이 협동조합입니다. 5인 이상이 모이면 누구나 쉽게 협동조합을 만들어 공동의 사업을 추진할 수 있고, 정부의 지원제도와 맞물려 빠른 시간 내 2만 개 이상의 협동조합이 설립되었지만 지금은 지속가능성이 크게 흔들리고 있습니다. 지원제도나 정책자금 역시 줄었으며 휴·폐업을 고려하는 조합이 많아질 것으로 전망합니다.

변화하지 않으면 죽는다

〈조선일보〉[아무튼, 주말_20240127] 컬럼에서 변화관리에 성공적인 기업인으로 김완규 대표(78세)를 소개하였는데 국내 최고 골동품점 통인가게의 주인이었습니다. 통인가게가 대를 이어 100년이 된 기념 인터뷰였습니다. 크게 놀라운 점은 23세에 가업을 이어받아 지난 50여 년 동안 통인가게를 지켜 냈을 뿐만 아니라 현대미술을 전시하는 '통인갤러리', 국내 최초 공예전문 '통인화랑', 포장이사를 국내 처음으로 도입한 '통인익스프레스', 국내최대규모 문서보관회사 '통인안전보관', 해외화물운송기업 '통인인터내셔날' 등 21개 계열사를 거느린 통인그룹의 오너였기 때문입니다.

인터뷰에서 100년 화랑의 비결로 '변화하지 않으면 죽는다'라고 김완규 대표는 잘라 말합니다. 변화는 곧 미래의 가치입니다. 앞으로 남은 시간 동안에 그는 강화도 미술관 프로젝트, 노인문제연구소 신설, 부산에 빵집 만들기, 영종도 개발 등 새로운 사업에 도전하겠다고 합니다. 우리가 익히 알고 있는 변화의 대표적인 기업인 '삼성의 이건희 회장'과 '애플의 스티브잡스'와는 또 다른 차원의 사례였기에 이 기사를 보고 놀라움과 존경심이 더욱 컸습니다.

제주도 한림읍에는 한림공원이 관광명소로 자리 잡고 있습니다. 한림공원은 아침고요수목원, 천리포수목원처럼 어려움에 도전한 한 인간의 개척정신 성공 사례입니다. 그 주인공은 송봉규 선생입니다. 1971년 송봉규 선생은 10만여 평의 황무지 모래밭에 야자수 씨앗을 파종하여 지금의 녹색 낙원, 아열대 식물원을 만들었습니다. 장쩌민 전 중국 국가주석과 나까소네 전 일본수상을 비롯한 세계 각국의 저명인사들이 방문한 곳으로 세계적인 관광명소가 되었습니다. 저는 운이 좋게 한상경 교수의 아침고요수목원, 민병갈 설립자의 천리포수목원, 송봉규 선생의 한림공원 모두를 가 보았는데 경영컨설턴트이자 기업가정신 전문가로서의 습관 때문인지 설립 과정에서 겪었을 수많은 위기와 실패, 좌절, 그럼에도 불구하고 해결해 나가는 모습이 그려지다 보니 많은 경의를 갖게 됩니다.

잘 따라갈 역량을 키우자

이러한 사례를 보면 변화의 중심에는 주체가 스스로 변화하고자 하는 의지가 우선이 된다는 공통점을 가지고 있습니다. 그리고 나아갈 변화의 목표가 명확합니다. 그러한 동인을 갖게 한 배경에는 새로움이 자리합니다. 이전 세대에는 해외여행에서 본 경험이, 해외 유학에서 겪은 배움이, 해외 출장에서 본 기술 발전이 큰 동인이 되었지만 지금의 미래세대 주역들은 어떻게 강력한 변화 동인을 끌어내야 할까요? 하늘은 스스로 돕는 자를 돕는다라는 격언이 떠오릅니다.

변화는 끊임없이 해야 할까요? 개인적인 의견은 그렇지 않습니다. 변화 역시 인생의 중요한 시기, 즉 타이밍이 중요하다고 생각합니다. 한 인간의 삶은 생각보다 긴 시간이 아니어서 기술의 발전과 환경의 변화가 아무리 빠르다고 하더라도 몇 번의 필요한 시기에 올바른 변화를 이루어 낸다면 충분하다고 생각합니다. 성형수술을 자주 한다고 가정해 보면 답은 쉽게 나오지 않을까요. 오히려 건강하게 잘 먹고 잘 자고 운동 열심히 하고 자기주도적 학습을 통해서 변화를 수용할 수 있는 가치관과 역량을 키우는 것이 보다 중요하다고 강조하고 싶습니다. 잘 따라가는 것이 중요합니다.

지난 60년 인생을 뒤돌아보면, 변화가 필요할 때 변화의 동인과 역량을 이끌어 성공적으로 잘 적응한 경우는 그렇게 많지 않았습니다. 제 경험으로 보면 안목도 좁고 집중력도 약했던 것 같습니다. 여러분들 역시 이미 변화가 필요한 경우를 몇 번씩 겪었을 것입니다. 제가 가장 아쉬운 점은 멘토의 부재였습니다. 나에게서 잠재력과 용기, 도전정신을 일깨워 줄 멘토가 있다는 것은 큰 축복이라고 생각합니다.

3

형제박사의 탄생

나는 53세에 대학원 박사과정을 시작했습니다. 고려대학교 경영대학원을 30살에 졸업했으니 23년 만에 다시 공부를 시작한 것입니다. 서울 양재동에 있는 벤처대학원에 입학원서를 내고 당시 대학원장과 잠시 인터뷰를 하고 온 날의 기억이 아직 생생합니다. 벌써 10년이 지난 일이지만 가장으로서 하던 사업을 정리하고 한국비즈컨설팅이란 경영컨설팅 회사를 설립한 지 3개월이 채 안 되던 때였습니다. 아직 일도 없는데 대학원 박사과정의 등록금을 과연 벌어서 낼 수 있을까, 3년 안에 경영학 박사학위를 받을 수 있을까, 특히 박사학위가 과연 이 나이에 필요한 것인가에 대한 의구심도 컸습니다.

회사를 공동 창업한 조중일 대표는 고향 선배님이신데 이미 동 대학원에서 경영학박사 학위를 받았고 컨설팅을 하려면 아무래도 박사학위가 있으면 좋지 않겠나 하는 조언에 아내의 동의를 받지 못한 상태에서 힘든 결정을 내렸습니다. 당시의 결정이 정말 잘했구나 하는 결과로 나타나는 시점은 3년이 채 걸리지 않았습니다. 낮에는 컨설팅

수진 기업과 소상공인들을 만나고, 저녁이 되면 사무실에서 보고서를 쓰고, 남은 시간에 학위논문을 준비하다 보면 새벽이 되어야 집에 갔습니다. 학위 받기 전 마지막 1년은 사무실에서 잠을 잔 적도 많았습니다. 어느새 50대 중반, 3년이라는 어려운 시간을 잘 버텼습니다.

아내는 집에 경제적으로 도움을 못 주는 상황에서 어떻게 박사과정을 들어갈 수 있느냐고 반대를 했습니다만 공부만큼은 스스로의 결정이 옳았습니다. 집안의 부동산을 포함한 자산관리 문제나 아내의 음식점 경영 문제 등은 가족 간의 논의와 합의가 필요하지만 가족 누구든 공부에 대한 욕심만큼은 무조건 동의하는 것이 옳다고 생각합니다. 결국 제가 적극 추천하여 영양사 자격이 있는 아내도 50대 후반에 대학원을 진학하여 외식경영 석사학위를 받게 되었습니다.

제 형제자매는 3남매입니다. 제가 맏이이고 막내는 현재 국내 통신업계에서 근무 중입니다. 제가 학위를 받은 이후 사업도 성장하고 컨설턴트로서의 업계 내 퍼스널 브랜드도 강화되면서 박사라는 학위와 리프레시 교육 기간이 큰 도움이 되었다고 했더니 막내도 박사과정을 이수하고 경영학 박사학위를 받았습니다. 우리 형제는 대학원 미래경영연구회에서 '형제박사의 탄생'이라고 자랑거리가 되었고 스스로도 자부심을 느끼게 되었습니다. 형제박사가 되어 돌아가신 부모님 산소에서 아우와 함께 제를 지낼 때 가슴이 뭉클했습니다. 아우도 이제 회사를 은퇴하고 나오면 대학에서 또 다른 인생 2막을 멋지게 출발할 것으로 기대합니다.

아이들을 키우면서 개포동의 주공아파트에 살 때입니다. 당시에는 아파트가 5층이라 계단을 올라가면서 양쪽으로 2가구씩 있는 형태인데 제가 사는 라인에 계신 이웃분들이 서로 관계가 참 좋았습니다. 집을 옮겨 다니면서 여러 가족이 모여 같이 식사를 한 적도 많습니다. 지금도 '사랑회'라는 모임을 만들어 부부모임을 하고 있습니다. 모임 중에 건설회사 임원으로 퇴직을 하시고 해외 건설 현장의 감리직을 하시는 형님이 계시는데 언젠가 방송통신대학을 다니신다고 합니다. 젊을 때 영문학을 배우고 싶었는데 이제 시간이 나서 새로운 공부를 하고 싶어 학교에 들어갔더니 너무 좋다고 합니다.

서울시 구청에 근무하는 후배가 있습니다. 스타트업을 지원하기 위한 멘토와 창업자 모임인 GSSM에서 인연이 되어 지금까지 좋은 인연을 맺어 오고 있습니다. 부부가 공무원인데 본인이 먼저 은퇴할 계획을 가지고 있다고 합니다. 아직 젊은 나이에 웬 은퇴 하면서 잊었는데 올해 초 페이스북을 통하여 자신이 그동안 이룬 성과를 올려놓았습니다. 놀랍기도 하고 감동도 받고 진심으로 축하를 해 주었습니다. 그동안 한국방송통신대학 사회복지학과를 졸업하고 사회복지사 1급 자격증, 병원동행매니저와 요양보호사 시험까지 일사천리로 합격을 한 자격증 사진을 보니 이 친구는 인생 2막, 3막에도 행복하게 잘 살 것 같다는 확신이 들었습니다.

제가 운영하는 회사의 컨설턴트 동료는 현재 총 8명입니다. 40대 초반도 있고 70대 중반도 계십니다. 회사 구성원 9명 중 8명이 박사입니다. 회사의 경쟁력이 더욱 강해진 느낌입니다. 박사학위를 받으면 하나로 그치는 것이 아니라 또 다른 학문을 공부하고자 박사 학위를 2개, 3개씩 받는 분들도 많고 특히 그분들의 나이가 40~50대가 아니라 60~70대가 더욱 많아지고 있습니다.

은퇴한 친구들, 경영지도사를 합격하고 경영컨설팅 업계에 진출하고자 찾아오는 후배들에게 제일 먼저 자신 있게 권하는 조언이 대학원 진학입니다. 60세가 넘은 친구 중에는 회의적 반응을 보이는 경우도 많습니다. 이해가 갑니다. 굳이 강하게 주장은 하지 못하지만 '하면 좋을 텐데' 아쉬움이 남습니다.

인생 후반부에 또 다른 공부를 하고 직장생활 중 생각하지 못했던 자격증을 취득하는 것은 쉬워 보이지만 매우 큰 용기가 필요합니다. 건강이나 챙기고 놀면 되지 생각하다가 1년이 못 되어 당황하는 친구가 많습니다. 왜냐하면, 베이비붐 세대는 다 그렇지 않더라도 대학에서 공부한 것으로 직장생활하는 데 문제가 없었고, 연금이나 개인적인 저축으로 노후를 준비해 왔다고 생각했는데 최근 환경 변화가 그들이 대비한 미래와는 큰 차이가 있다 보니 새로운 계획을 세울 수밖에 없게 된 것입니다.

경영지도사는 유일한 국가공인 경영컨설턴트 자격증입니다. 기술지도사도 마찬가지입니다. 경영지도사 및 기술지도사에 관한 법률로 지정된 자격증으로 중소벤처기업부장관 명의의 자격증이 발급됩니다. 정부 및 지자체 지원사업의 컨설턴트로 활동할 때 여러 형태의 가산점이 부여됩니다. 그래서 경영·기술지도사 자격증 공부를 시작하라고 권합니다.

그동안의 경험과 전문 지식을 활용하는 지식서비스 창업을 우선하여 검토하라고 합니다. 우선 돈이 안 들고 자신의 전문성을 살려서 인생 2막의 새로운 출발을 해 보라는 취지입니다. 이런 권유를 자신들이 잘 소화해서 대학교에서 교수를 하는 친구도 있고 경영컨설턴트로 업계에서 훌륭히 자리 잡은 후배들도 생겼습니다. 저의 선 경험에서 나온 조언이 선한 영향력을 준 것 같아 감사를 나누게 됩니다.

부모님 세대에서 회갑연은 매우 큰 집안 축제였습니다. 고등학교 선배님이 사장으로 운영하던 대전시 유성의 아드리아호텔에서 부모님 친구분들과 친지들 모두 모시고 큰 잔치를 벌였습니다. 3남매 부부 모두 한복을 입고 부모님을 업어 드리면서 요새 유행하는 트로트를 불러드린 추억이 엊그제 같습니다.

저와 아내의 회갑 축하 자리에는 가족들만 모여서 식사를 하고 자식들이 준비한 선물을 받는 정도로 끝냈습니다. 60세라는 의미가 참 많이 약해졌습니다. 그래도 동생 부부들이 우리 부부와 함께 제주도 회갑 여행을 준비해서 황송한 대접을 받았던 추억은 평생 잊지 못할 것입니다. 저는 아이들이 일찍 결혼을 해서 그나마 회갑 모임이라도 했지만 자녀들이 아직 결혼을 안 한 친구들이 대부분입니다. 친구들이 모여서 친구 회갑 축하를 해 주고 있습니다. 이제는 70세가 되어도 잔치가 아니라 여행 정도로 그치는 가정이 많아진 것 같습니다. 그만큼 나이는 숫자에 불과해졌습니다.

지금의 30대는 평균 기대수명이 90세가 될 것 같습니다. 60세에 은퇴한다고 해도 건강한 몸으로 최소한 30년 이상 경제적, 사회적 생활을 하게 될 것이고 직업 또한 새로운 1개가 아닌 2~3개의 또 다른 직업을 갖게 될 것입니다. 기술적인 발전 속도도 빨라서 30년 이후의 세계는 예측조차 힘들기 때문에 독과점적인 직업군을 갖는 것이 매우 현명한 선택이 될 것입니다.

유망직업에 대한 최근 20년간 세대 변천을 살펴보면 대기업 회사원에서 교사, 공무원을 거쳐 지금은 의사가 인기가 있다고 합니다. 고소득 직업들의 공통점은 모두 국가고시에 합격하여야 합니다. 변호사, 회계사, 노무사, 변리사, 관세사, 도선사 등 독과점을 보장하는 전문 자격사에 대해 자신의 성향이 맞는지 검토해 보고 도전해 볼 것을 권합니다.

다니던 직장에서 정년으로 퇴직하거나 명예퇴직을 선택하거나 언젠가는 회사를 나와야 합니다. 회사가 망할 수도 있지만 대부분 받는 연봉에 비해 기여하는 가치가 떨어진다면 어쩔 수 없습니다. 베이비붐 세대는 지금보다 안정적인 직장환경에서 근무를 했기 때문에 은퇴 전후로 한두 번 정도의 재교육을 통해 60세 이후를 보낼 수 있겠지만,

30대 여러분들은 급변하는 미래환경에 대응하기 위하여 직장생활 중에도 원하는 교육을 적극적으로 받아야 합니다. 자신의 진로 맵을 그려 보고 필요한 자격과 교육을 회사 지원과 상관없이 투자를 해야 합니다.

머신러닝을 비롯한 생성형 인공지능 기술은 노동자들을 빠른 속도로 대체할 수밖에 없습니다. 머지않아 휴머노이드 로봇은 육체적, 정신적 노동자 모두를 대체하려고 할 것입니다. 전직은 이제 흠이 아니라 능력을 입증하는 것입니다. 지속적으로 성장할 수 있고 독과점적인 자격을 취득하면서 자신의 가치를 희소성 있게 만들어 가야 합니다.

사람은 누구나 잘할 수 있다는 자신감이 있고 기회를 달라고 합니다. 기회를 달라는 사람이 많으면 비교를 당해야 하고 평가를 받아 선택되어야 합니다. 직장에서 사회로 나와 자신의 역량을 객관적으로 증빙할 수 있는 근거는 바로 조직에서의 경력, 학위와 전공, 그리고 국가 공인 자격증입니다. 자신만의 영역에서 차별화된 전문성을 갖추는 것이 좀 더 훌륭한 삶을 살기 위한 필요조건입니다.

4

시간 자원

코로나(COVID-19) 바이러스가 창궐하던 시기에 기업이나 학교 대다수는 발 빠르게 재택근무와 화상회의, 온라인 교육 등을 대응 방안으로 시행했습니다. 대면 접촉이 되는 모든 작업장과 종교시설, 학교 시설 등 사람이 모이는 곳은 전부 폐쇄되거나 최소의 인원만 상주를 했습니다. 저도 여러 곳의 강의를 ZOOM으로 하거나 녹화를 통해 온라인 영상 교육으로 대체했습니다.

코로나의 위험이 약화되어 예전의 생활로 돌아갔지만 매일 출퇴근하면서 불편함이 없던 그 기간이 그리운 분들도 많을 겁니다. 대다수의 기업과 조직들이 출퇴근하던 예전으로 빠르게 돌아갔습니다. 이는 IT기업도 예외가 아닙니다. 다시 아침 일찍 나가서 여러 대의 광역 버스를 보내면서 겨우 정시에 출근을 해야 하는 힘든 시간이 시작된 것입니다. 이러한 불편함을 없애 주겠다고 정부와 지자체가 많은 정책과 사업을 벌이고 있습니다. 바로 GTX 노선과 최근 이슈가 되고 있는 지하철 노선 연장 등이 주요 사례입니다.

지난 2세기 동안 자본주의 체제 속에서 기술의 발전은 인류에게 시간이라는 엄청난 자원과 생산성 제고라는 엄청난 부의 기회를 제공해 주었습니다. 먼저 가정에 주로 여성이 담당했던 가사노동은 다음과 같은 기술과 제품의 개발로 엄청난 시간적 자원을 갖게 되고 여성은 부가가치가 높은 생산성 향상의 자원으로 자리매김하게 됩니다. 세탁기와 건조기, 식기세척기, 로봇청소기, 인덕션 등의 주방 가전제품은 여성을 가사노동으로부터 해방시켜 주었습니다. 푸드 프로세서 및 블렌더는 음식 준비 과정을 간소화하고 시간을 절약해 줍니다.

시간 자원

온라인 쇼핑 및 배달 서비스의 발전은 쇼핑에 드는 시간과 노력을 줄여 줍니다. 퇴근길 스마트폰 몇 번의 터치로 다음 날 새벽 현관에서 원하는 식품을 만날 수 있는 세상입니다. 가정용 소프트웨어 및 앱, 예를 들어, 가계부 관리 앱, 식단 계획 앱 등은 일상생활을 관리하는 데 도움을 줍니다. 스마트 홈 기술인 조명, 난방, 보안 시스템 등의 원격 제어 기능은 가정 관리에 편의성을 제공하고 인스턴트 포트 및 다기능 요리기구는 요리 과정을 간소화하여 남성들이 요리를 쉽게 할 수 있도록 도와줍니다.

이러한 기술과 제품들은 전통적으로 여성에게 할당되었던 가사노동을 줄이고, 여성들이 다른 개인적, 직업적, 교육적 목표를 추구하는 데 더 많은 시간을 할애할 수 있게 도와줍니다. 이는 여성의 생활 방식과 경력 개발에 있어 큰 변화를 가져왔으며, 사회 전반적인 성 평등에도 기여하고 있습니다. 사법부의 신규 법관 임용을 보면 2021년 이후 지속적으로 여성이 남성보다 많습니다. 이외에도 다양한 분야에서 여성의 경쟁우위 사례가 많아지고 있습니다.

시간 절약과 생산성 향상

우리가 먹는 식품과 관련하여 1차산업을 담당하는 농업과 어업 등에서도 생산성을 높여 주는 많은 기술이 개발되어 사용되고 있습니다. 이러한 혁신들은 작업 효율성을 높이고 비용을 절감하며 더 지속가능한 방식으로 자원을 관리하는 데 기여하고 있습니다. 6차산업 인증제도를 통해 정부는 1차산업에 종사하는 농어업인에게 2, 3차산업을 통해 보다 나은 부가가치를 창출하도록 지원을 하고 있습니다. 농부가 단순 생산자만이 아니라 직접 제품을 만들고 판매는 물론 생산 현장을 체험과 관광의 공간으로 조성하여 추가 수익을 창출하도록 지도를 합니다. 특히 미래의 먹거리 관련 스마트팜 주요 기술은 스타트업 창업자에게 매력적인 기회를 주고 있습니다.

신입사원 초기에 자가용은 당연히 없었고 주로 전철과 버스를 타고 출퇴근을 했습니다. 제 첫 직장은 여의도였습니다. 광명시에서 전철 1호선을 타고 운 좋게 앉아서 가는 날이 있었는데 졸다가 머리를 전철 창문에 부딪혀 잠을 깨면 서울역을 지나고 있어서 지각한 경험이 여러 번 있습니다. 지금은 대부분 자가용이 있지만 여러 이유로 차를 못 가지고 다니는 직원들이 많습니다. 사실 차를 가지고 다니면 약속 시간을 지키지 못해 도로 위에서 당황할 때도 많습니다. 최근에 모임을 하면 친구들 대부분이 지하철로 옵니다. 그만큼 시간도 정확하고 편리한 교통수단이 된 것입니다.

교통수단 또한 확실히 시간 절약과 생산성 향상에 기여했습니다. KTX와 SRT 철도노선의 시간 단축은 정말 놀라운 변화입니다. 업무상 소상공인시장진흥공단의 사업 평가 참여나 중소벤처기업부 주관 회의에 참석을 할 때가 종종 있습니다. 수서역에서 SRT를 타고 1시간 만에 대전에 도착하면 어찌나 편한지 크게 도움을 받고 있습니다. 출퇴근이나 여행만이 아니라 국내외 비즈니스 출장까지 교통수단의 변화는 시간 절약과 생산성 향상에 크게 기여했습니다.

교통수단의 발전과 더불어 우리가 사용하는 내비게이션 앱은 혁신의 대표상품입니다. 네이버도 서비스를 하고 있지만 전 국민에게 익숙한 내비게이션 앱은 카카오와 T맵입니다. T맵은 가장 많이 사용하는 앱으로 내비게이션 기능 외에 대리, 주차, 전기차 충전, 렌터카, 킥보드까지 다양한 서비스를 제공하고 있습니다. 자신의 운전 성향에 따라 티맵 운전 점수가 산출되면 보험료 할인 서비스도 제공합니다. 카카오맵 역시 예전의 김기사 앱을 인수해서 런칭한 서비스로 티맵과 유사한 서비스를 제공합니다. 기존 카카오의 다양한 서비스와 연동되는 것이 가장 큰 장점입니다.

서울을 중심으로 한 수도권광역급행철도(GTX)가 부동산 가격에 큰 영향을 미치고 있습니다. 강원도의 원주, 횡성 등에 계신 지인들을 포함해서 충청도까지 모두 자신들이 수도권에 살고 있다고 웃으며 말하는 것을 보면 GTX로 인한 거리와 시간의 단축이 국민 삶의 질과 직결되는 것을 느끼게 됩니다. 현재 GTX 노선은 1기와 2기로 나뉘어 건설 중이거나 설계 중에 있습니다. 제일 먼저 개통된 GTX A노선의 경우 동탄역에서 삼성역까지 20분 만에 도착할 수 있습니다.

1987년 첫 직장의 사무실 모습을 떠 올리면 타자기가 우선 생각이 납니다. 여의도의 증권회사 사무실에서는 남녀 구분 없이 먹지를 여러 장 놓고 타자기로 문서를 생산하였습니다. 타자를 시간 내 정확하게 어느 정도까지 칠 수 있느냐가 업무능력의 지표이자 사원이 승진하는 데 중요한 결정기준이었습니다. 지금 생각해 보면 웃음이 나오지만 불과 30년 전 모습입니다.

입사 후 1년 정도가 지나서야 기획실과 인사과에 제법 큰 사무용 컴퓨터가 설치되었고 열쇠로 시건장치를 하고 다녔습니다. 최근 사무환경은 생산성을 높여 준 다양한 기술과 프로그램들이 개발되어 업무처리 속도를 높이고 협업을 용이하게 하며 정보관리를 개선하는 데 크게 기여합니다. 전사적 자원관리(Enterprise Resource Planning, ERP) 시스템이 대표적 사례입니다. 궁극적으로 업무 수행 방식과 팀워크의 효율성을 크게 개선했습니다.

가사노동의 해방과 교통수단의 발전이 인류에게 준 혜택도 대단하지만 베이비붐 세대들에게는 컴퓨터, 인터넷과 스마트폰이란 IT 혁신이야말로 세상을 바꾸는 시간 속으로 여행을 하는 느낌입니다. 지금도 이러한 정보통신과 디지털 혁신은 빠르게 진화되고 있습니다. 사실 따라가기도 벅찹니다만 뒤처지면 안 되는 세상이 되었기에 열심히 배우게 됩니다. 다음 상황은 디지털 문맹이 되면 겪어야 할 불편과 난처한 상황을 알 수 있게 합니다.

대형 종합병원에 가 보면 진료 접수와 검사, 진료 후 결제까지 모든 업무가 전산화되어 키오스크 형태로 이루어집니다. 스마트폰에 문자로 모든 업무처리 여부와 예약일정들을 보내 줍니다. 이러한 과정이 어르신들에게는 쉽지 않습니다. 가끔 이런 상황을 보고 있으면 대학생 자원봉사단이라도 있으면 좋겠다는 생각을 합니다. 1층 대기실에 앉아 있는 환자들의 대부분이 연세가 많아 사실 디지털 장비를 다루는 것이 어렵습니다.

병원 외에도 점점 사라져 가는 은행 창구 역시 사정은 마찬가지입니다. 젊은 사람들은 은행 창구를 이용하지 않고 대부분 컴퓨터나 스마트폰 뱅킹으로 금융업무를 처리합니다. 그러나 연세가 있으신 분들은 앱을 깔아도 잘 보이지 않고 인증서 관리도 쉽지 않아 웬만하면 은행 창구를 이용해야 합니다. 이용 고객이 적어 폐점을 해야 하는 은행의 입장도 이해가 가지만 지역별 최소 오프라인 지점망을 금융위원회에서 통합하여 강제 할당할 필요가 있습니다. 식당 역시 마찬가지입니다. 입구 키오스크에서 주문과 결제를 하고 들어가야 하는데 이 또한 쉽지 않아 이제 밥도 못 먹겠네 하는 원성을 하는 분들도 많습니다. 정신을 바짝 차리고 잘 배워서 쫓아가야 하는 세상입니다.

경영컨설턴트는 직업상 의뢰 기업의 현장 방문이 많습니다. 기업 대표와 함께 공장을 견학하게 되면 공장에 설치된 스마트팩토리 시스템과 로봇 등을 보여 주면서 생산성 향상에 대한 자사만의 강점에 대해 듣게 됩니다. 우리나라에는 강소기업이 참 많습니다. 현재 정부도 많은 예산을 스마트팩토리, 소공인 대상 스마트 공방 구축에 배정하고 있습니다. 제조업과 건설산업 현장에서 시간 자원과 생산성 향상에 도움이 된 기술 개발은 다음과 같습니다.

제조공장에서 로봇은 조립, 용접, 포장 등의 작업을 자동화하여 생산 속도를 높이고 오류를 줄입니다. 건설 현장에서 3D 프린팅 기술은 건축 구조물을 빠르게 제작할 수 있게 하며, 복잡한 설계를 실현 가능하게 합니다. 부평이나 부천 등 전기 전자 제조업체가 많은 공단에 가면 컴퓨터 수치 제어(CNC) 기계를 사용하여 부품 제조의 정확도와 속도를 향상시키는 기업들을 쉽게 볼 수 있습니다. 이런 업종의 기업체 사장은 더 정확하고 더 첨단기능이 있는 기계를 사려고 합니다. 이유는 그만큼 불량률이 줄고 난이도가 높은 작업을 수행하여 수주를 용이하게 하고 생산성을 높일 수 있기 때문입니다.

IoT 기기는 기계의 성능을 실시간으로 모니터링하고 예방 정비를 가능하게 하여 생성형 인공지능에 필요한 데이터를 수집, 분석하게 해 줍니다. VR과 AR은 문화예술 콘텐츠 산업뿐만 아니라 건설 계획과 시뮬레이션, 교육 및 안전 훈련에서 중요한 역할을 합니다. 인공지능(AI) 및 머신러닝 기술은 제조 공정 최적화, 품질 관리, 예측 유지 보수 등에 활용되고 자율 주행 불도저, 굴삭기 등은 건설 현장에서 작업의 효율성과 안전성을 개선합니다.

인간은 유일한 시간의 동물

경제와 사회 전반적으로 발전해 온 다양한 기술들을 살펴보았습니다. 종합해 보면 소위 혁신이라고 불리는 많은 기술들은 우리 삶의 질을 편리하게 제고시켰을 뿐만 아니라 이전에는 할 수 없었던 많은 일을 빠르게 수행할 수 있게 해 주었습니다. 반면에 수백 년 이상 지속되어 온 상호 의존, 협업의 가치관과 상경하애(上敬下愛) 하던 도제식 윤리관, 특히 가족을 포함한 관계의 고리를 약화시킨 것은 분명합니다.

경영자는 기업의 목적 달성을 위해 현재의 자원을 효과적으로 적재적소에 분배하는 사람입니다. 위에서 언급한 모든 기술발전의 성과는 인류에게 시간이라는 자원을 이전과는 비교가 안 될 정도로 주고 있습니다. 인간은 지구상의 헤아릴 수 없이 많은 생명체 중에서 유일하게 시간을 관리, 창조, 투자, 거래, 설계를 하기 때문에 "시간의 동물"이라고 할 수 있습니다. '시간은 금이다'라는 속담과 같이 인류는 소중한 시간 자원 확보에 매진하고 있습니다.

우리나라처럼 빨리빨리 문화가 정착된 곳은 지구상에 거의 없다고 합니다. 오죽하면 대한민국 국가번호가 82라고 하니 실웃음이 나옵니다. 식사시간만 봐도 선진국의 경우 2시간 걸린다고 하면 우리나라는 1시간이 안 되는 것 같습니다. 국민총소득은 늘어났을지 몰라도 정서적 안정감을 가지고 세상을 즐기는 태도는 아직 개발도상국 시대의 습관에서 못 빠져나온 것입니다.

시간이라는 자원을 예전과 비교하면 엄청나게 늘어났습니다. 인공지능 시대는 더 나아가 육체적인 노동과 경영관리 노동 모두를 감소시켜 줍니다. 이제 인간이 가진 마지막 노동인 정신적인 노동 영역에서 직관이나 예지력, 통합적 의사결정 역량을 제고시켜 명령을 잘해야 합니다. 우리에게 주어진 잉여 시간 자원을 바로 이 역량에 투입할 필요가 있습니다. 다양한 취미와 여행, 새로운 세계와의 만남을 통해서 자신만의 특별함을 키워야 합니다.

5

새로움의 가치

어릴 적 그림 그리기 대회에 나가서 상을 받아 본 적이 있습니다. 유치원을 다닌 적이 없어서 아마도 지금의 초등학교 저학년 시절에 당시 신문사 등이 주최한 대회 등이 있었는데 넓은 공원에 모여서 삼삼오오 모여 그림을 그리고 제출했던 기억이 남아 있습니다. 잘 그리지는 못했지만 입선이나 우수상 같은 상장도 한두 번 받았습니다.

이러한 그림 그리기, 미술시간은 중학교에 들어간 이후 공부에 치이면서 크게 기억에 남는 것이 없습니다. 물론 상을 받았다거나 미술관 견학을 간 적도 없습니다. 아이들이 다 커서 취직을 하고 50대 중반이 되었을 때부터 미술관이 좋아졌습니다. 여행을 할 때마다 최우선 선택 장소는 해당 지역의 미술관이나 화가 갤러리입니다. 우리나라 1인당 국민소득이 3만 불을 넘어서인지 최근에는 젊은 MZ 세대도 국내에서 전시되는 많은 아트쇼나 아트페어에 많이 오고 작품도 과감히 산다고 하니 세대 차이를 느낍니다.

그동안의 업무 과로와 경쟁 속에서 빠져나와 화가나 작가들의 창의적인 작품들을 감상하면 소위 스트레스가 풀립니다. 특정 작품에는 환희도 느끼고 즐겁습니다. 평안과 치유의 시간도 갖게 됩니다. 기회가 될 때마다 더 자주 오고 싶습니다. 제 아내도 이런 저의 모습이 좋았는지 본인도 같이 다니기 시작하면서 이제는 우리 두 사람의 훌륭한 취미생활로 자리 잡았습니다. 미술관을 좋아하고 그림이나 조형물에 매력을 느끼게 되니 아트페어에 가서 작품을 사고 싶다는 생각이 들기 시작합니다. 물론 작품 가격이 상당해서 처음에는 엄두가 안 나더니 그림 가격을 자주 보니까 낮은 가격대의 그림은 그래도 살 수 있겠다는 욕심이 납니다.

　　드디어 우리 부부는 서울 코엑스에서 매년 열리는 KIAF 아트페어에 가서 그림을 처음으로 샀습니다. 그림 가격은 500만 원 정도였던 것으로 기억합니다. 우리 부부는 1962년 동년 생으로 호랑이띠입니다. 회갑기념으로 구매한 〈사랑합니다〉 제목의 그림은 셀프 선물입니다. 우연히 둘러본 그림 중에 붉은색 꽃이 가득 담긴 화병과 하단에 호랑이 부부가 아이와 함께 귀엽게 그려져 있는 그림이 있었습니다. 그림을 처음 본 순간 '사랑'을 떠올렸는데 작품명도 같아서 많이 놀랐습니다. 호랑이 화가로 유명한 모용수 작가의 그림이라고 부스의 갤러리 직원이 설명을 합니다. 모용수 작가는 지금 페이스북 친구이고 작가의 부인도 호랑이띠라고 나중에 알게 되었습니다. 현재 이 작품은 안방에 걸려 있고 우리는 이 그림이 우리 부부의 사랑과 집안에 행복을 가져올 애장품으로 생각하고 수시로 감상을 합니다.

이천 도자예술촌마을, 예스파크와의 인연

최근 몇 년간 그림을 좋아하게 된 배경을 생각해 보면 아마도 이천에 소재한 예스파크 도자예술촌과의 인연이 발단입니다. 예스파크는 경기도 이천시 신둔면 고척리 약 410,000㎡ 공간에 도자기를 비롯한 공예, 미술, 음악, 조각, 사진 등 300여 개의 현대식 건물 공방이 자리한 마을입니다. 이천시의 대표 축제인 도자기 축제가 매년 열리는 곳으로 가족이나 연인들이 방문하여 우리나라 고유의 전통 도자기와 다양한 생활자기 등을 체험하고 구입할 수 있습니다. 2014년 소상공인 협동조합 컨설팅으로 바쁘게 시간을 보내고 있을 때 관련 기관 직원 추천으로 이천시 소재 협동조합 컨설팅을 맡게 되었는데 당시 조합의 주 사업 아이템이 도자기였습니다.

이후 예스파크 마을협동조합도 만들게 되면서 이천시와 여주시에 도자기 명장으로 활동하는 도예가부터 단지 내 200여 명의 공예작가 그리고 마을대표까지 폭넓은 인연을 맺게 되었습니다. 이런 시간이 저를 지금의 예술적 가치를 탐닉하는 사람으로 변화시킨 것 같습니다.

협동조합 컨설팅이 마무리될 즈음에 〈한겨레〉신문의 기자로부터 인터뷰 요청이 왔습니다. 기존의 다양한 경력도 취재거리로 손색이 없고 특히 중장년 세대의 인생 2막으로 살아가는 모습을 독자들에게 소개하고 싶다고 해서 인터뷰에 응했습니다. 당시 이 기사는 신문 한 면을 가득 채워서 나갔기에 이를 본 친구들과 지인들이 전화도 하고 격려도 해 주었습니다. 가끔 그 기사를 다시 보면서 〈한겨레〉신문의 기자에게 감사함을 느낍니다. 변변치 않았던 초짜 컨설턴트를 인터뷰해서 기사를 써 준 덕에 경영컨설턴트로서 더 성장하지 않았나 생각합니다.

골프도 등산도 취미생활을 하는 동호인이라면 공감할 내용입니다만 무언가에 빠져서 관심과 노력, 투자를 하게 되면 그 분야에서 준전문가 정도의 실력을 갖추기 위해 더 노력을 하게 됩니다. 저 또한 예외가 아니기에 예술에 관심을 갖고 예술인들의 발상과 아이디어를 감상하기 위해 국내외 곳곳에 유명한 미술관 등을 방문하게 됩니다. 물론 작품을 보면서 관련 용어나 시대적 배경을 이해하기 위해 책도 읽고 영상도 보면서 미지의 분야에 대한 전문성을 키우고 있습니다.

이런 자연스러운 노력이 제가 하는 경영컨설팅에서도 많은 도움을 줍니다. 우선 소상공인 업종 중에는 공방을 준비하는 예비 창업자와 기존 공예인들이 의외로 많습니다. 문화예술 분야의 교육 관련 사업자도 많은데 컨설턴트 대다수가 기업경영인 출신으로 예술 분야에 관심이 없는 분들이 많아서 저에게는 오히려 블루오션 영역이 되었습니다. 특히 문화예술 분야는 향후 관광산업과 로컬 크리에이터, 지역균형발전 사업과 도시재생 지원사업 등으로 확장됩니다. 지금까지 마을과 커뮤니티비즈니스, 농산어촌 활성화, 특히 한국관광공사의 관광두레와 관광벤처 육성사업 등의 사업화 전문가로 활동하는 데 큰 기여를 해 주었습니다.

예술가의 영감을 배우다

제주도 한 달 살기를 하면서 제가 가장 가 보고 싶은 곳이 유동룡 미술관이었습니다. 유동룡 건축가(1937~2011)의 예명은 이타미 준입니다. 일본에서 태어나 재일교포라는 경계인으로 평생을 살면서 세계적인 건축가가 된 한국인입니다. 지금은 고인이 되었지만 제주도를 중심으로 그가 남긴 건축물은 건축가 안도 타다오와 함께 예술적 가치 이상의, 자연에 순응하는 또 다른 가치를 일깨워 준다는 점에서 꼭 들리고 싶었습니다.

이타미 준은 건축물이 세워질 장소의 고유한 지역성을 살려서 인간의 삶에 어우러지는 건축을 추구했습니다. 국내에서는 충남 아산의 '온양미술관(1982)', 제주도의 '포도호텔(2001)', '수·풍·석 미술관(2006)', '방주교회(2009)' 등의 대표작을 남겼으며 화가로도 활동해 이우환, 곽인식 등 화가들과 친하게 지내면서 작품을 남기기도 했습니다. 유동룡 건축가는 2005년 프랑스 예술 문화훈장인 슈발리에 훈장, 2006년에는 김수근 문화상, 2010년 늘 한국인이라 받지 못했던 일본 무라노 도고상을 수상하게 됩니다.

건축가 유동룡(예명: 이타미 준)은 바람의 건축가라고도 합니다. 대지를 어루만지고 자연과 사람을 보듬는 바람이 영감의 원천이었다고 합니다.

'사람의 온기, 생명을 작품 밑바탕에 두는 일, 그 지역의 전통과 문맥, 에센스를 어떻게 감지하고 앞으로 만들어질 건축물에 어떻게 담아낼 것인가?' 그리고 중요한 것은 '바람의 노래가 들려주는 언어를 듣는 일이다'라고 자신의 건축 철학을 밝히고 있습니다.

감히 한 거장의 건축 철학을 제가 온전히 이해할 수는 없겠지만 변화라는 바람을 삶의 지혜로 어떻게 활용해야 하는지 일깨워 주는 글귀였습니다.

제주도에는 유명한 화가의 갤러리가 제법 많습니다. 서귀포에는 이중섭 갤러리와 정방폭포 앞에 왈종미술관이 있습니다. 매우 유명한 관광코스가 되어 이제는 제주도를 살리는 미술관이 되었습니다. 지방 지역에서도 지역 출신의 화가와 예술가 이름을 딴 미술관이나 갤러리, 박물관 등을 적극적으로 유치할 필요가 있습니다. 가평이나 양평은 수도권에 가깝기 때문에 매우 유망한 지역 활성화 프로젝트가 될 수 있습니다.

이번에 오니 제주도 서쪽, 한경면 저지리에 저지예술인마을이 있다는 것을 처음 알았습니다. 저지예술인마을에는 유명한 김창열미술관이 있는데 제주도립 미술관입니다. 물방울 화가 김창열의 작품은 '회귀'가 주제인 그림을 많이 그리셨는데 그분의 연도별 작품 추이를 살피다 보면 뉴욕을 거쳐 파리 등으로 나가 활동을 하신 것이 큰 도움이 되었다는 확신이 듭니다. 우리가 익히 알고 있는 김환기, 박서보, 이우환 작가 등 국내 미술계를 아우르는 대부분의 화가는 한국전쟁 이후 어려운 시기에 국내에서 해외로 무대를 옮기신 분들입니다. 이는 정치, 경제, 과학 할 것 없이 어려운 변화를 선택한 분들이 지금의 한국을 만드신 리더였다는 점에서 주목을 합니다.

문화예술 영역에서 제가 가장 놀라고 흥분했던 기억은 제임스 카메론 감독의 영화 〈아바타〉(2009)였습니다. 영화제작에 사용된 IT 기술은 물론 스토리의 기획과 등장인물의 캐릭터까지 환상적이었습니다. 2002년 월드컵에서 보여 준 대한민국 국가대표팀의 각본 없는 4강 진출이 제 평생 잊을 수 없는 최고의 기억이고 다음을 꼽자면 저는 〈아바타〉를 선택하는 데 주저하지 않습니다.

제임스 카메론(James Cameron) 감독은 1954년생으로 캐나다 출신의 영화감독입니다. 1984년 〈터미네이터〉를 시작으로 1997년 〈타이타닉〉 그리고 2009년 〈아바타〉를 만들었습니다. 이 작품들은 역사상 가장 기억에 남는 영화로서 카메론 감독은 이 시대 최고의 영화감독이 되었습니다.

카메론은 영화제작에서 기술적 혁신과 실험정신을 추구하는 것으로 유명합니다. 그는 새로운 기술을 개발하거나 기존 기술을 혁신적인 방식으로 활용하여, 관객에게 전에 없는 시각적 경험을 제공하려고 합니다. 예를 들어, 〈아바타〉에서는 3D 촬영 기술과 컴퓨터 생성 이미지(CGI)를 결합하여 완전히 새로운 가상 세계를 창조했습니다. 카메론의 작품에서는 인간 중심과 환경 보호와 자연에 대한 존중이라는 주제가 자주 등장합니다. 그는 영화를 통해 환경 문제에 대한 인식을 높이고, 지속가능한 미래를 위한 메시지를 전달하려고 노력합니다. 이러한 관점은 특히 〈아바타〉에서 잘 나타나며, 인간과 자연과의 관계를 재고하게 만듭니다.

카메론은 자신의 비전을 실현하기 위해 필요한 경우 어떤 도전에도 맞서는 용기와 끈기를 보여 줍니다. 그의 프로젝트는 종종 엄청난 시간과 자원을 요구하며, 많은 경우 업계 내에서도 전례 없는 도전을 수반합니다. 카메론은 이러한 도전을 극복하는 과정에서 큰 만족을 느끼며, 불가능해 보이는 목표도 달성할 수 있다는 것을 여러 차례 증명해 보였습니다.

세계무대로 더 나가야 한다

일본의 프로 골프 선수들은 굳이 미국의 PGA나 LPGA 진출을 적극적으로 하지 않는다고 합니다. 여러 이유가 있겠지만 굳이 미국에 가서 고생을 하고 경쟁을 하지 않더라도 자국에서의 리그 상금이 많다 보니 충분히 인정받고 돈도 많이 벌 수 있다는 생각 때문입니다. 우리나라는 IMF 시기에 나라에 희망을 준 박세리 선수가 있습니다. 1998년 US오픈에서 맨발의 투혼으로 우승을 한 장면은 두고두고 역사의 한 페이지가 되었습니다. 이를 통해 많은 박세리 키즈들이 성장하여 세계무대를 누비고 있습니다.

그러나 최근 교육부의 2023년 국외 고등교육기관 내 한국인 유학생 현황 자료를 보면 미국이나 유럽 선진국으로 유학을 떠나는 학생 수가 예전에 비해 줄어들고 있다고 합니다. 2011년 기준 26만 명을 넘은 것이 가장 많은 수치이고 2023년 기준으로는 코로나 영향도 있어서 12만 4천 명 정도입니다. 50% 이상이 줄어들었습니다. 오히려 국내에 들어오는 외국인 유학생 수는 20만 명이 넘었습니다.

2023년도 국외 고등교육기관 한국인 유학생 현황

(매년 4.1 기준, 단위: 명)

연도	2009년	2010년	2011년	2012년	2013년	2014년	2015년	2016년	2017년	2018년	2019년	2020년	2021년	2022년	2023년
유학생수	240,949	251,887	262,465	239,213	227,126	219,543	214,696	223,908	239,824	220,930	213,000	194,916	156,520	124,320	123,181

출처: 교육부, 2022 고등교육기관 졸업자 취업통계연보

해외 유수기업의 취업도 국내 기업 연봉이 실질적으로 높다 보니 굳이 가려고 하지 않는다고 합니다. 한국에서 1억 원 받는 것이 미국에서 2억 원 받는 것보다 삶의 질이 좋다고 합니다. 해외주재원 파견도 젊은 세대들에게는 욕심이 없고 삶의 질이 떨어지는 선택을 하지 않는다고 합니다. 고생 끝에 낙이 있습니다가 옛말이 되어 버린 것입니다. 그저 지금 이대로를 즐기는 세상입니다.

우리나라 고용노동부, 고용형태별 근로실태조사 자료에 따르면 한국의 근로자 평균임금은 3,271만 원이며 임금상승률은 세계 2위라고 합니다. 이에 반해 일본은 후생노동청 임금구조 기본통계조사에 따르면 일본 직장인의 평균 임금은 307만 4천 엔, 원화금액으로 2023년 1월 기준 약 2,932만 원입니다. 일본 기업의 평균 연봉보다 국내 기업의 연봉이 높습니다.

우리나라가 그만큼 잘살게 되었다는 변화입니다만 한편으로는 사람이 곧 국력인 대한민국에서 우물 안 개구리만 되면 안 되고 선진국의 기술혁신을 적극적으로 배우는 자세가 견지되길 바랍니다.

2부

진정한
나를 찾아서

6

내가 정말
좋아하는 일인가

창업과 관련하여 지난 10년 이상 대학과 창업 지원기관에서 강의와 멘토링을 하였습니다. 창업의 기초도 전혀 모르는 상태에서 창업 아이템을 제시하고 사업화를 요청하는 예비창업자도 있고, 다양한 경험을 쌓고 자신의 재능을 발휘하려고 사업계획서를 설명하는 창업자도 있습니다. 이렇게 다양한 창업자들을 만나면서 가장 아쉬운 점이 있다면 창업의 What이 아니라 Why를 설명하는 창업자는 매우 적다는 것입니다.

창업의 유형은 크게 생계형 창업과 아이디어 창업으로 분류합니다. 생계형 창업은 말 그대로 경제적 목적이 우선이고 소자본으로 일정 수준의 월 소득이 기대되는 아이템을 가지고 창업을 하는 유형입니다. 우리 주변의 많은 소상공인이 생계형 창업자입니다. 일반적인 음식점, 카페, 의류소매상, 온라인 쇼핑몰 등이 주된 아이템입니다. 아이디어 창업은 새로움에서 출발합니다. 단순히 경제적인 목적이 아니라 본인이 생각하기에 기존에 없던 아이템이나 사람들이 일상생활에서 매우 불편해하던 문제를 해결한 아이템들을 제안합니다.

최근에는 기술 사업화가 창업컨설팅의 핵심 영역으로 자리 잡아가고 있습니다. 기술을 기반으로 특허를 등록하고 부족한 자금은 정부 지원사업을 받아 제품을 개발하고 벤처인증을 받아 투자유치를 통해 제품 양산 및 마케팅을 해 나가는 형태입니다. 기업가정신인 '그럼에도 불구하고' 도전정신이 가장 요구되는 창업유형입니다. 오늘날 대한민국의 IT 플랫폼 대표기업인 네이버와 카카오 또한 이러한 기술기반의 창업 성공 모델입니다.

창업가정신을 강의하거나 창업자 멘토링을 할 때 창업아이템을 선정하는 기준으로 다음 4가지를 질문합니다.

✓ 내가 가장 잘할 수 있는 일인가?
✓ 내가 정말 좋아하는 일인가?
✓ 경제적으로 돈은 벌 수 있는가?
✓ 사회적으로 유익한 아이템인가?

고슴도치 전략(Hedgehog Concept)

짐 콜린스는 저서 《Good to Great(좋은 기업을 넘어 위대한 기업으로)》에서 평범한 성과를 넘어서 탁월한 성과를 달성한 기업들이 공통적으로 가진 특성을 제시하였습니다. 먼저 올바른 사람들을 조직에 영입하고, 그다음에 방향을 설정합니다. 즉, 성공은 올바른 팀 구성에서 시작된다는 점과 위대한 기업들은 자신들이 가장 잘할 수 있는 것, 열정을 느끼는 것, 경제적 엔진을 구동할 수 있는 것(이익을 낼 수 있는 것)의 교집합에 집중한다는 특성을 가지고 있습니다. 이를 고슴도치 전략(Hedgehog Concept)이라고 합니다.

짐 콜린스의 "고슴도치 전략"(Hedgehog Concept)은 복잡성 속에서 단순함을 찾아내는 것을 목표로 합니다. 고대 그리스의 이솝 우화에서 영감을 받은 이 개념은 여우가 고슴도치를 잡으려고 여러 가지 복잡하고 교묘한 전략을 세우지만, 고슴도치는 단 한 가지 방법, 즉 몸을 둥글게 말아 가시로 자신을 보호하는 방식으로 여우의 공격을 막아 내는 이야기에서 비롯됩니다.

이 전략은 기업이 성공하기 위해서는 세 가지 기본적인 질문에 답할 수 있어야 한다고 제안합니다:

✓ 우리가 무엇을 가장 잘할 수 있는가? 이것은 단순히 잘하는 것이 아니라, 전 세계적으로 최고가 될 수 있는 분야를 의미합니다.
✓ 우리가 가장 열정을 가지고 있는 것은 무엇인가? 이것은 기업의 핵심 가치와 사명과 관련이 있으며, 일하는 데 있어서 진정한 열정이 있는 분야입니다.
✓ 우리가 경제적 엔진을 구동할 수 있는 것은 무엇인가? 이것은 기

업이 수익을 창출하고 지속가능한 성장을 이룰 수 있는 경제적 요인을 의미합니다.

고슴도치 전략의 핵심은 이 세 가지 요소의 교집합에서 기업의 핵심 초점을 찾는 것입니다. 기업이 이 세 가지 질문에 대한 명확한 답을 가지고 있을 때, 그것은 기업이 집중해야 할 핵심 전략을 정의하고, 방해가 되는 요소들로부터 보호할 수 있는 강력한 방어 메커니즘을 제공합니다. 이러한 단순하면서도 강력한 초점은 기업이 시장에서 지속가능한 성공을 이루는 데 도움을 줍니다. 앞에서 언급한 창업아이템 선정기준과 일맥 유사한 키워드를 가지고 있습니다.

기업가정신(Entrepreneurship)의 시대

나는 지금 대표로 있는 경영컨설팅 회사까지 사업자등록증상으로 7번의 창업을 했습니다. 아직 2개 회사가 남아 있으니 폐업도 5번 한 셈이 됩니다. 첫 번째 직장인 증권회사에서 약 16년간 일했습니다. 인재개발팀장을 거쳐 증권업계 최초로 프라이빗뱅킹 지점장도 했을 정도로 회사는 많은 기회를 주었습니다. 삶을 살아가는 지향점이 달라 퇴사를 했습니다만 지금도 감사하게 생각하고 있습니다.

두 번째 회사부터 네 번째 회사까지는 자동차 정비업, 소위 카센터를 운영했습니다. 자동차보험 대리점과 '정비잡'이라는 자동차정비 구인구직 사이트 사업도 병행했습니다. 장소가 강남구 역삼동에서 하다 보니 투자금액이 웬만한 정비공장 수준이 되었습니다. 개인적으로는 자동차를 전혀 모르는 사람입니다. 와이퍼 교체도, 자동차 보닛도 한 번 열어 본 적이 없는 사람이 자동차 정비업에 뛰어든 것이었습니다. 과연 장사는 잘되었을까요? 용하다 할 정도로 8년을 버텼습니다. 2008년 금융위기 이후 자동차 보증기간이 늘어나고 고장도 감소해서 매출이 줄다 보니 기술이 없는 저로서는 공장장에게 양도하는 것이 그나마 최선이었습니다.

중·고등학교 다니는 아이들 키운다는 명분으로 전혀 알지 못하는 자동차 정비업에 뛰어들어 서울시자동차부분정비조합 감사까지 역임하는 등 해당 업계에서 살아남기 위해 많은 노력을 했습니다. 기존에 없던 '카뷰티'라는 새로운 사업영역도 도입하고 직원을 일본에 기술연수까지 시키는 등 차별화를 통해 살아남으려고 했습니다만 자동차 문외한으로서 그것이 한계였다고 생각합니다. 지금 그때를 돌이켜 보면 창업가로서의 준비도가 100점 만점에 20점도 안 되니 헛웃음만 나오게 됩니다.

현재 하고 있는 한국비즈컨설팅(주)은 법인으로 설립된 지 12년 차에 들어갔습니다. 현재 8명의 동료 컨설턴트와 무난하게 운영이 되고 있습니다. 법인 대표와는 별도로 창업교육진흥원과 한국지속성장연구원 등 2개의 개인사업자 대표 직함도 가지고 있습니다. 50대 중반이 되어서야 저에게 맞는 직업을 가지게 되었습니다. 좀 더 빨리

저 자신을 알고 저에게 맞는 일을 찾았더라면 좋았을 텐데 하는 아쉬움이 있습니다. 30대에 창업을 계획하고 있는 분들에게는 자신이 온몸을 던져 뛰어들 사업영역이 위에서 말한 창업아이템 선정기준에 부합하는지 꼭 체크해 보실 것을 권합니다. 사실 창업에 나이 제한은 없습니다. 더 이른 나이에 자신만의 창업아이템을 찾아 성공한 사례도 많고 나이 60이 넘어서 창업에 성공한 사례도 많습니다.

2013년 정부는 창조경제로의 패러다임 변화를 천명하고 이스라엘의 창업국가와 같은 대규모 창업지원정책을 실행하였습니다. 창조경제타운을 기점으로 전국에 창조경제혁신센터가 설립되고 지방자치단체별로 서울창업허브와 경기벤처창업지원센터 등 대규모 창업지원 인프라가 구축되었습니다. 운이 좋게도 처음부터 저는 창조경제 패러다임에 합류를 하게 되었습니다. 이는 우리나라의 주특기인 모방경제에서의 탈피, 취업이 아닌 창업의 시대로의 큰 전환점이 되었습니다.

지원정책과 맞물려 창업기업인 스타트업과 벤처기업의 초기 자금조달 관련 크라우드 펀딩(Crowd Funding) 기업도 생겼습니다. 중소벤처기업진흥공단이 운영하는 청년창업사관학교 기업의 CEO들은 미국의 킥스타터(Kickstater)나 인디고고(Indiegogo) 등으로 펀딩을 받는 것이 유행이 되었고, 국내 창업기업 중심으로는 와디즈(www.wadiz.kr)와 텀블벅(www.tumblbug.com)을 통한 펀딩이 홍행했습니다. 기부형 플랫폼 해피빈(happybean.naver.com), 임팩트 펀딩 플랫폼 오마이컴퍼니(www.ohmycompany.com)와 비플러스 (benefitplus.kr)도 국내 대표 크라우드 펀딩 플랫폼입니다. 자신의 아이디어를 제시하면 수많은 사람들이 소액이지만 투자를 해 주어 제품을 개발할 수 있게 해 주는 세상이 된 것입니다.

자기 적성 검사

고용노동부 한국고용정보원에서 개발한 직업심리검사와 창업적성 검사라는 것이 있습니다. '워크넷'이라는 사이트에서도 다양한 검사를 스스로 해 볼 수 있습니다. 노동부 입장에서는 창업을 '셀프 고용'이라고 합니다. 셀프 취업인 만큼 실업률이 감소되는 효과가 있으니 타 부처와 마찬가지로 창업지원에도 많은 노력을 하고 있습니다. 비슷한 검사로 서울시자영업지원센터, 경기도일자리재단 꿈날개 진단센터에서 창업적성 검사와 창업역량 검사 서비스도 제공하고 있습니다. 최소한 이런 검사를 통해 자신의 창업준비도를 파악하기 바랍니다. 소상공인시장진흥공단의 지원사업에서도 신청자의 자가진단이 필수 절차가 되고 있습니다.

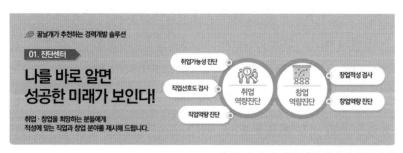

출처: 온라인 여성경력개발센터 꿈날개

자신의 성격을 파악하는 심리검사로 MZ 세대까지 많이 이용하는 검사가 MBTI 검사입니다. 네이버에서 검색하면 16 Personalities(www.16personalities.com>ko), 무료 성격유형검사가 나오니 자신의 성격 유형을 파악하고 삶의 여러 영역에 어떤 영향을 미치는지, 또한 어떤 사람으로 성장하고 싶은지 파악해 볼 것을 권합니다. 자신이 하고 있는 직업과 MBTI는 깊은 상관관계가 있어서 직업이 바뀌게 되면 자신의 성격 유형도 변화가 올 수 있습니다.

소수의 상대방을 이해하고 배려하고 상호 시너지를 내기 위해서는 상대방의 성격 유형을 먼저 파악하는 것이 현명한 선택입니다.

나는 공부, 체육, 그림 등 어떤 것을 좋아했는지, 선생님과 친구들 그리고 부모님으로부터 기억을 떠올려 무엇 때문에 칭찬받았는지, 사회로부터 인정받거나 표창 수상은 어느 분야로 받았는지 등을 고려하면 자신이 진입할 사업영역이 비교적 선명해집니다.

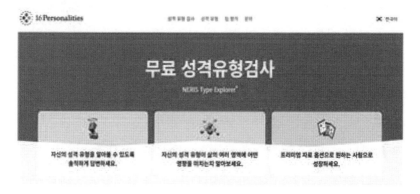

출처: https://www.16personalities.com/ko

특히 배우자의 판단도 매우 소중합니다. 비록 지금 하고 있는 일과 무관하더라도 잘할 수 있고 좋아하고 돈도 벌 수 있고 사회적으로 유익하여 가치를 창출할 수 있다면 우리나라 청년 나이 제한인 39세 전에 정부 지원을 받아 창업을 하면 좋을 것 같습니다.

창업아이템과 창업역량은 다른 문제입니다. 나는 지난 10년 동안 매년 100여 개 이상의 중소기업과 소상공인 경영컨설팅을 수행하였습니다. 예비창업자부터 연혁이 제법 되는 중소기업 사장까지 수많은 사업아이템을 제안합니다. 제 전문 영역인 사업타당성과 비즈니스모델, 경영전략, 마케팅전략 등에 대하여 자문 및 지도를 합니다. 물론 그 결과는 사업화의 성공을 통하여 매출로 나타납니다만 사업아이템만으로는 성공을 담보할 수 없습니다. 그 이유는 사업 아이템이 아무리 좋더라도 역량이 뒷받침되지 않으면 결과물을 만들어 낼 수 없기 때문입니다.

창업역량에 대해서는 수원의 협동조합 사례를 들어 설명해 보겠습니다. 조합 이사장은 최근 2년간 성장세인 경영실적을 근거로 다양한 사업확장을 강력히 요청하였으나 조합운영위원들은 이사장이 제시한 대부분의 사업에 대해서 부정적이었습니다. 결국, 이사장의 성급한 사업 추진과 조합원의 사업 추진 역량과는 차이가 생겨 경영에 많은 어려움을 겪고 이사장은 물러나게 됩니다. 여러 이유가 있겠지만 성공사례로 뽑힌 협동조합이 한순간에 어려워지는 것을 목격하면서 내부 구성원의 역량에 맞춘 경영이 정말 중요하다는 사실을 깨닫게 되었습니다.

7

삶의 목적
'나다움'

지금 가정에서는 아이를 낳아야 1명 정도라고 합니다. 베이비붐 세대에서는 자녀 수가 평균 2명 이상은 된 것 같습니다. 물론 이전 세대에서는 자식이 곧 노동력이고 경제활동의 원천이었기 때문에 훨씬 많았습니다. 지금도 친구 중에는 7남매, 9남매가 모여 가족모임을 하는 경우가 제법 있습니다. 이렇게 자식이 많다 보니 자원의 한계가 있어서 집안의 중심은 가장인 아버지를 이어 장남이 물려받게 되고 투자와 책임도 집중적으로 맡게 됩니다.

저는 3남매의 장남입니다. 밑으로 여동생과 남동생이 있습니다. 어릴 때부터 저는 부모님의 기대, 특히 어머니의 사랑과 기대를 집중적으로 받았습니다. 중학교 때 돌아가신 할머니는 큰집에 아들이 없었기 때문에 늘 저희 집에 오셔서 저를 업거나 데리고 다녔던 기억이 있습니다. 제가 초등학교 1학년 때 선생님에게 혼난 적이 있는데 학교에 오셔서 그 모습을 본 할머니가 선생님을 야단치셨던 기억도 남아 있습니다. 이런 치맛바람은 어머니에게도 대물림되어 초등학교 내내 선생님들이 저를 감싸고 심지어는 학년 담임선생님 전체를 초대하셔서 식사 대접도 하시곤 했습니다. 결국, 저를 초등학교 전교 회장으로 만드신 분들입니다. 저는 매우 순응하고 모범적인 어린이로 성장하게 됩니다.

어머니의 교권 간섭을 못마땅하게 보신 은사님이 계셨습니다. 초등학교 6학년 담임선생님이 당시 학교에 야구부가 생겨서 야구도 가르치셨는데 하루는 운동장에서 저를 부르시더니 조심스럽게 이렇게 말씀하셨습니다. "상화야~ 어머니가 말하는 것이 모두 옳은 것은 아니야. 너도 무조건 예 하지 말고 네 생각을 말씀드려." 그때 처음 느꼈습니다. 내가 너무 엄마 치마폭에서 자라고 있구나 생각이 들면서 얼굴이 빨개졌습니다. 처음으로 '자아'라는 것을 느꼈습니다. 그리고 선생님과의 대화는 아무한테도 말하지 않았습니다.

어릴 때 굳어진 탓일까. 어른들 말씀에 순종하고 공부 열심히 하고 반에서 반장이나 회장을 하면서 공부도 잘하는 아이로 중학교를 졸업하게 됩니다.

대전은 제가 고등학교에 갈 때 시험을 쳐서 합격을 해야 진학을 했는데 아쉽게도 전기에 대전고등학교 시험에 떨어져서 재수학원에 들어갔다가 후기인 보문고등학교 시험에 합격해서 다니게 되었습니다. 아마도 이때가 부모님의 기대를 저버린 첫 번째 사건입니다. 지금도 천동집 장독대에서 눈물을 흘리시고 계셨던 어머니 모습이 눈에 선합니다.

집안의 위기가 철을 일찍 들게 한다

아버지는 당시 체신노동조합 대전 지부장으로 근무하시다가 전국 체신노동조합위원장으로 선출되셔서 서울 광화문에서 근무를 시작하셨습니다. 체신은 지금의 우체국과 전화국을 의미합니다. 제기동 작은 이모네 집에서 하숙을 하시면서 근무하신 지 얼마 되지 않아 전두환 쿠데타가 발생하고 전국의 산별 노조위원장 모두가 어디론가 끌려가셨다고 전해 들었습니다. 집안이 갑자기 쑥대밭이 되었습니다. 나중에 나오셔서 집에서 감금상태로 오래 계셨습니다. 어머니는 아래층을 세주고 2층으로 집을 옮기고 시장에서 옷 가게를 여는 등 생활비를 벌어야 했고 장남으로서 동생들을 바라보니 저 또한 책임감이 커질 수밖에 없었습니다.

고등학교 3학년 때 대학별 본고사가 폐지되고 예비고사로 대학에 진학을 하게 되었습니다. 고려대 진학을 위해 작은이모 집에 가 있었지만 결국 학비 부담과 동생들 고등학교도 못 보내면 어떡하지 걱정에 야간기차를 타고 대전으로 내려왔습니다. 당시 야간기차 안에서 느낀 여러 가지 감정이 지금도 아련합니다. 충남대 경영학과, 당시 경상계열 차석으로 입학이 되어 장학금을 받고 학교생활을 시작하였습니다.

집안 걱정에 졸업 후 취업에 유리하도록 ROTC를 지원하여 장교후보생이 되었습니다. 저는 다행히도 군 입대 전에 삼성그룹 공채에 합격을 해서 삼성용인연수원에서 연수를 받았습니다. 부모님과 지도해 주신 교수님, 그리고 저 자신을 위해서도 기쁜 일이었습니다. 다행히 전두환 정권 중에 아버지는 대전기능대학 부학장으로 복권이 되셨고 동생들 또한 대학에 다니는 데 문제가 없는 형편이 되었습니다. 대학 생활과 군대 생활 약 7년을 집안의 장남으로 역할을 하면서 힘든 점도 있었지만 캠퍼스 커플이었던 지금의 아내가 옆에 있어서 큰 의지가 되었습니다.

대학교 시절 제 별명은 '애늙은이'였습니다. 당시 마른 얼굴에 늙어 보일 수도 있었겠지만, 하는 행동이 톡톡 튀거나 액티브하지 못해서 생긴 별명이지 않을까 생각합니다. 집안 형편이 좋지 못할 때 아버지 옷을 주로 입고 다녀서 그럴 수도 있겠다는 생각도 해 보곤 했습니다 만 대학 3학년 때부터는 ROTC 단복을 입고 다녔기 때문에 옷 문제는 아닐 수도 있습니다.

여러 가지 이유로 부모 슬하에서 성장을 했던 시간들은 저마다 다양합니다. 나에게 아버지의 실직과 구금은 큰 충격으로 다가와 한동 안 노동조합 이야기만 들어도 싫었습니다. 협동조합 설립 컨설팅을 하면서 아버지는 노동조합, 나는 협동조합으로 살고 있으니 참 아이 러니하다고 생각도 했습니다. 친구들 또한 40대의 아버지가 갑자기 돌아가시는 분도 계셨고 집안이 어려워 가난한 집안에 태어난 것을 술과 싸움으로 풀었던 친구들도 있었습니다. 다만 이런 구불구불한 과정이 저에게 철을 일찍 들게 하였습니다.

고등학교부터 대학까지 제 가치관 형성에 가장 큰 영향을 준 친구들이 있습니다. '영우회'라는 모임으로 구성된 5명의 친구들입니다. 친구들 덕분에 사춘기도 잘 넘겼습니다. 지금도 여러 모임으로 고등학교 친구들과 교류를 하고 있는데 마음 한편으로 든든하고 의지도 됩니다. 친구들을 생각하면 '참 고맙다'라는 말이 가장 먼저 떠오릅니다. 각자의 분야에서 모두 훌륭한 삶을 살아온 친구들이 저에게는 소중한 자산입니다.

인생의 멘토

대학교 3학년이 되었을 때 전임강사로 발령을 받으신 교수님이 지금의 저를 만들어 주신 삶의 첫 멘토입니다. ROTC 1년 차인 저를 본인 교수실에서 공부를 하도록 허락해 주셨고 장교로 임관 전에 카이스트 또는 서울대학교 대학원에 합격을 하면 추후에 육군사관학교 교수를 거쳐 국립대학교 교수로 올 수 있다는 진로를 제시해 주신 분입니다. 지방대에서 접하진 못한 정보를 접하면서 새로운 세상을 보게 해 주신 분이라 그 고마움을 잊지 못하고 있습니다.

살면서 만난 몇 분이 제 인생을 크게 변화시켰습니다. 첫 직장에서의 부장님과 사장님, 지금은 고인이 되신 우리금융지주의 윤병철 회장님, 형제박사를 만든 하규수 교수님, 현재 공동대표인 조중일 박사님, 저는 이분들을 인생의 멘토라고 부릅니다. 저 또한 경영컨설턴트로 만난 창업자와 기업인들에게 한 사람의 인생 멘토가 될 수도 있다는 생각으로 늘 노력합니다. 삶의 목적이기도 합니다. 여러분들은 살아오면서 어떤 멘토를 두셨나요?

나다움이란 삶의 지향점을 말합니다. 저는 각자의 삶의 목적이 나다움을 가장 잘 설명할 수 있다고 생각합니다. 부모님과 형제자매 그리고 선생님과 친구들, 성인이 되어 만난 멘토님 몇 분이 제 삶에 지대한 영향을 주셨고 이런 가르침이 누적이 되어 '상화다움'을 만들어 주셨습니다. 나다움은 여러분 각자의 삶의 목적으로 구체화될 수 있습니다. 나는 어떤 가치관과 목적을 가지고 인생을 살아갈 것인가에 대하여 스스로 질문하고 답해 볼 필요가 있습니다.

경영컨설턴트로서 나는 '상화다움'에 대해 이렇게 답하고 각인합니다.

나는 인연이 된 사람들에게
가르침과 조언을 통해
그분들이 보다 훌륭한 삶을 살도록
돕는 사람으로 살고 싶다.
주위에 따뜻함을,
선한 영향력을 준 사람으로
기억되고 싶다.

8

몰입(Flow)의
소환

대학원 박사과정에서 학위논문 주제를 정하기 위해 지도교수님과 미팅을 할 때입니다. 당시 제가 관심을 가진 주제는 창업가정신이었는데 교수님께서 플로우의 조절 효과를 같이 해 보면 어떨까? 물으십니다. 예? 플로우요. 당시에는 내가 생각하는 주제에 플로우(흐름)가 어떤 관계가 있다고 이렇게 질문하시나 했습니다. 답변을 못하고 있는데 플로우는 흐름이 아니라 몰입을 뜻하는 것이라고 이해시켜 주셨습니다. 교수님이 존경스러웠습니다.

말콤 글래드웰의 저서 《티핑모인트》와 《아웃라이어》를 읽어 보라고 했을 때 그 책을 읽고 나서 교수님께 감사를 드린 적이 있습니다. 제 사고의 범위를 넓혀 주셔서 고마웠고 저자의 글 내용도 통찰력을 키우는 데 큰 도움이 되었기 때문입니다. 오랜만에 지적인 희열을 느꼈습니다. 몰입(플로우) 사건은 두고두고 저를 긴장시킵니다. 다행히도 저의 무식이 탄로 난 그날 그 순간으로 제 논문은 이전과는 차원이 다른 깊이를 갖게 되었습니다.

몰입(flow)은 주위의 모든 잡념, 방해물들을 차단하고 원하는 어느 한 곳에 자신의 모든 정신을 집중하는 일입니다. 몰입하는 사람의 심리 상태는 에너지가 쏠리고, 완전히 참가해서 활동을 즐기는 상태로 몰입은 한 가지에 완전히 흡수되는 것을 말합니다.

몰입에 관한 국내외 전문가로는 헝가리계 미국인 심리학자 미하이 칙센트미하이와 서울대학교 황농문 교수가 대표적인 학자입니다. 먼저 칙센트미하이는 몰입했을 때의 느낌을 '물 흐르는 것처럼 편안한 느낌', '하늘을 날아가는 자유로운 느낌'이라고 하였습니다. 일단 몰입을 하면 몇 시간이 한순간처럼 짧게 느껴지는 '시간개념의 왜곡' 현상이 일어나고 자신이 몰입하는 대상이 더 자세하고 뚜렷하게 보입니다. 자신이 몰입하고 있는 대상에 대해서는 단시간에 혹은 빠르게 흡수할 수 있지만 반대로 관심이 없거나 집중도가 떨어지는 대상에 대해서는 기억조차 못 할 수도 있다고 합니다.

황농문 교수는 서울대학교를 정년퇴임하시고 현재 몰입아카데미 대표로 있으면서 몰입적 사고의 효능을 전파하고 계십니다. 유튜브에서도 쉽게 황 교수님의 강의영상(http://molip.co.kr)을 보실 수 있습니다.

황 교수는 1990년부터 1997년까지 매우 특별한 경험을 하게 되는데 수십 년간 해결 못 한 공학계의 난제들을 해결하는 성과를 거두게됩니다. 몰입으로 삶의 방정식을 푼 듯한 즐거움과 만족감을 느꼈다는 황 교수는 이를 자신만의 것으로 가두지 않고 좀 더 널리 알려야겠다고 생각하고 공학적인 접근으로 몰입을 체계화하여 몰입 지도를 하고 있습니다.

몰입

제 박사학위 논문 제목은 '창업가 정신, 창업역량 및 창업가 특성이 창업만족도에 미치는 영향 연구:플로우(Flow) 경험의 조절효과를 중심으로'입니다. 2015년은 플로우 조절변수에 대해서 많은 공부를 했습니다. 플로우 관련 논문도 많이 읽어 보고 심리학자 칙센트미하이와 황농문 교수의 몰입 관련 내용도 그때 공부를 하게 되었습니다.

논문을 쓰면서 몰입에 대해 더 큰 관심을 가지게 되었고 몰입과 중독과의 차이, 조직론에서 거론하는 또 다른 의미의 몰입(Engagement), 마케팅 개론에 나오는 몰입도(Immersion) 등에 대해서도 정리를 하기도 했습니다. 몰입이 긍정적인 경험으로 삶을 풍요롭게 만든다면, 집중력이란 많은 노력을 필요로 해서 힘들고, 중독은 사리분별을 못하면서 삶을 비참하게 만드는 차이가 있습니다.

몰입은 절실함으로부터 나온다

축구선수 크리스티아누 호날두는 "몰입은 절실함으로부터 나온다."라고 했습니다. 이 발언은 그의 축구 경력과 인생에서 겪은 도전과 역경 그리고 극복 과정을 통해 얻은 교훈에서 비롯된 것입니다. 호날두의 생애와 경력을 통틀어, 그의 몰입과 성공은 그가 직면한 여러 어려움과 절실함에서 기인한 부분이 큽니다.

호날두는 포르투갈의 마데이라섬에서 태어났으며, 어린 시절부터 축구에 대한 강한 열정을 보였습니다. 그는 어려운 가정환경과 경제적 어려움에도 불구하고 축구에 대한 사랑을 잃지 않았고, 12살 어린 나이에 집을 떠나 스포르팅 리스본의 유스 아카데미에 합류했습니다. 가족과 분리된 삶은 호날두에게 많은 외로움과 어려움을 안겨 주었지만, 이는 또한 그의 축구 경력에 대한 절실함과 몰입을 더욱 강화시켰습니다.

호날두는 프로 축구 선수로서의 초기 경력 동안, 신체적인 문제(그의 작은 체구와 마른 체형이 초래한 부상)와 비판(기술적인 스타일과 경기 방식에 대한 비판) 등 다양한 도전에 직면했습니다. 호날두는 자신의 게임을 개선하고 최고 수준에서 경쟁하기 위해 끊임없이 자신을 도전하고 개선하는 데 몰입했습니다. 그의 훈련 윤리, 경기 전략, 식단 관리 등은 모두 그가 만난 도전을 극복하고 성공하기 위한 절실함에서 비롯된 것입니다.

칭찬과 인정을 받았던 기억

자동차정비업이라는 자영업을 정리하고 경영지도사를 공부할 때 진지하게 제 자신을 돌아보게 되었습니다. 53세에 비로소 결혼 이후의 삶에 대해 '첫 직장은 어떻게 들어갔지, 왜 나왔지, 카센터는 어떻게 차리게 된 거지, 대체 어떤 목적을 가지고 한 거야?' 많은 생각을 하게 되었습니다. 이어서 앞으로 살아가려면 어떤 일을 하면서 살아가야 하는 거지 고민을 할 때 가장 먼저 떠올린 것이 스스로 잘할 수 있는 영역과 잘한다고 인정받았던 분야였습니다.

먼저 지적인 탐구가 좋았습니다. 몰랐던 분야를 알게 되면 제가 몰입하는 것을 스스로 알게 됩니다. 신입사원으로 인사과에 들어가 1년 만에 연수과를 만들고 이어서 인재개발팀, 이후 회장비서실 파견, 그룹연수원 기획까지 산업교육과 관련하여 회사는 많은 기회를 주었고 그때마다 기대에 부응하는 역할을 수행했습니다. 결론적으로 교육이 적성에 맞고 잘하는 분야였습니다.

300명 정도의 회사 직원 수가 1,000명 이상으로 성장하는 시기에 수도권의 모든 연수원을 다니게 되었고 윤은기, 김미경, 황철주 등 당시 내노라하는 강사분들을 모시는 기회도 가졌습니다. 그룹 회장님과 사장님 또한 인재양성에 적극적이어서 해외연수 기회와 국내 산업교육기관에서 강사양성과정을 받을 수 있도록 기회를 주셨습니다. 이러한 노력의 결과로 당시 우리금융지주 윤병철 회장님 추천으로 증권업을 대표하여 한국FP협회 설립 파운더로 참여하게 되었고, 국내 금융산업 발전에 도움이 된 재무설계사(CFP·AFPK) 양성에 미력하나마 역할을 수행하게 됩니다. 한국FP협회에서 배출한 국제공인재무설계사(CFP) 1회 취득자이고 우리나라에서 시행된 보험중개인 자격시험에서도 처음으로 합격을 한 것을 보면 이러한 적성과 지원배경이 있었기 때문이라고 생각합니다.

몰입은 경쟁력의 근원

광명시에 살 때입니다. KBS 조합원아파트로 기억하는데 둘째가 태어나기 전이었습니다. 잠을 자면서 잠꼬대를 하는데 제가 강의를 하고 있습니다. 어찌나 열심히 떠드는지, 자고 있는 내가 알 정도로 오랜 시간을 그렇게 강의를 하다가 잠에서 깨어났습니다. 잠꼬대 강의 기억이 선명해서 아내에게 물었더니 맞다고 하더군요. 당시에 새로운 뭔가를 배우면 강의안을 만들고 강의연습을 하기도 해서 그런지 교육에 진심인 사람으로 성장한 것 같습니다.

이러한 몰입에 대한 기억 소환이 지금 하고 있는 경영컨설팅 회사를 설립할 때 매우 큰 힘이 되어 주었습니다. 낯선 사람들을 만나 짧은 시간에 신뢰를 줄 수 있는, 특히 공부를 좋아하고 이를 쉽고 재미있게 강의를 할 수 있는 역량과 재능이 저에게 있다고 확신했기 때문입니다. 직장생활과 자영업 경력이란 20년 이상의 세월을 보내고 나서야 비로소 내 길을 찾은 것입니다.

여러분들이 진로에 대해 고민을 할 때 살아온 삶의 여정에서 몰입을 했던 추억을 소환해 보기 바랍니다. 분명 최선의 선택이 될 가능성이 높습니다. 자신이 좋아하고 잘할 수 있는 영역에 빠져 즐거움이 컸다면 그 분야가 어떤 분야라도 그 길을 선택한 사람은 어느새 전문가가 되어 있을 것입니다. 단, 사회적으로 유익하고 경제적으로 돈벌이도 되어야 합니다.

가수 프랭크 시나트라가 부른 불후의 명곡 〈My Way〉가 있습니다. 엘비스 프레슬리를 비롯한 수많은 가수들이 리메이크를 한 곡입니다. 우리가 알고 있는 축구 명감독 거스 히딩크의 18번 곡이기도 하고 프로야구 스타 박철순 투수 은퇴식에서 울려 퍼진 노래이기도 합니다. 어차피 인생은 자기의 방식대로 살아가는 것입니다. 언젠가 우리가 이별을 해야 할 때, 자신이 살아온 삶에 대해 부끄럽지 않은 인생이었다고 당당히 말을 할 수 있기를 바랍니다. 몰입은 바로 그 비결입니다.

9

불확실성과
도전

자기주도적인 삶을 산다는 것은, 외부의 기대나 사회적 압력에 휘둘리지 않고, 자신의 내면적 가치와 열정을 바탕으로 결정을 내리고 행동하는 것을 의미합니다. 이는 단순히 독립적인 생활을 하는 것을 넘어서, 자신의 삶의 목적과 방향성을 스스로 정의하고, 그에 따라 살아가는 것을 포함합니다.

제 주위에는 60이 되어 정년퇴직한 친구들이 많습니다. 이들이 조직에 오랫동안 있었다는 이유로 자기주도적인 삶을 살지 않았다고 볼 수는 없습니다. 기업이든 공적 조직이든 그 안에서 자신의 가치와 열정을 실현하고 있었다면 충분히 자기주도적인 삶을 살았다고 생각합니다. 일부는 할 수 없이, 또는 먹고사느라 다니다 보니 정년이 되었다고 합니다. 이럴 경우 인생 2막을 시작하는 데 어려움을 겪는 경우가 많습니다. 스스로 할 수 있는 것이 없다고 생각하면 소극적인 노후 생활을 보낼 수밖에 없습니다.

30대는 이러한 자기주도적 삶을 실현하기 위한 중요한 시기입니다. 이 시기에 있는 많은 이들은 자신이 누구인지, 무엇을 원하는지에 대해 더 깊이 이해할 필요가 있습니다. 그들은 자신의 강점, 약점, 열정 그리고 가치를 탐색하며, 이를 통해 자신만의 길을 찾아가는 여정을 떠나야 합니다. 결혼과 육아, 회사 또는 사업상의 문제해결 등을 이유로 자신의 삶에 방향성을 잃고 세월을 보낸다면 지나간 시간을 되돌리긴 어렵습니다.

애나와 레오에 대한 사례를 소개하겠습니다. 애나와 레오는 모두 30대 초반의 직장인으로, 각자의 분야에서 안정적인 경력을 쌓아 가고 있습니다. 그러나 둘 다 자신의 일과 삶에 대해 무언가 중요한 것이 빠져 있다고 느낍니다. 이는 단지 성공을 향한 사회적 기준에 부합하려는 압박 때문이 아니라, 자신들의 진정한 열정과 가치를 추구하고 싶은 내면의 욕구에서 비롯됩니다.

애나는 어릴 적부터 글쓰기에 열정을 가지고 있었으나, 실용성을 우선시하는 가족의 기대로 인해 법학을 전공하고 로펌에 종사하게 됩니다. 레오는 IT업계에서 뛰어난 기술력을 바탕으로 빠르게 승진하지만, 자신이 정말로 원하는 것이 기술 자체가 아니라, 기술을 통해 사회에 긍정적인 변화를 가져오는 것임을 깨닫습니다.

결국, 애나와 레오는 각자의 삶에서 중대한 결정을 내립니다. 애나는 안정적인 로펌을 그만두고 작가의 길을 걷기로 결심합니다. 레오는 기술 스타트업을 창업하여, 사회적 문제를 해결하는 데 기여할 수 있는 제품 개발에 몰두합니다. 이들의 결정은 쉽지 않은 여정을 예고하지만, 자신들의 진정한 가치와 열정을 따르기로 한 그들의 결심은 굳건합니다.

진정한 자아의 발견

자기주도적인 삶을 추구하는 것은 불확실성과 도전을 수반합니다. 그러나 그 과정에서 개인은 자신의 진정한 자아를 발견하고, 자신만의 가치와 열정을 실현하는 기회를 얻습니다. 애나와 레오의 이야기는 30대 남녀가 자신의 삶의 주인이 되어, 자신만의 길을 개척해 나갈 수 있다는 희망을 전달합니다.

자기주도적인 삶을 살기로 한 결정은 단순히 개인적인 만족을 넘어서, 사회적으로도 긍정적인 변화를 이끌어 낼 수 있는 잠재력을 지닙니다. 그것은 우리 각자가 진정으로 원하는 삶을 살아가면서, 더 나은 세상을 만드는 데 기여할 수 있는 방법 중 하나입니다.

자기주도적인 삶을 추구하는 과정에서 직면하는 현실적인 제약은 누구에게나 존재합니다. 결혼, 육아, 출산, 경력 단절 등은 특히 30대 남녀에게 중대한 도전 과제로 다가올 수 있습니다. 이러한 상황에서 자기주도적인 삶을 살아가기 위한 방법을 모색하는 것은 쉽지 않지

만, 불가능한 일은 아닙니다. 다음은 이러한 도전을 극복하고 자기주
도적인 삶을 영위하기 위한 몇 가지 방법입니다.

✓ 우선순위 재정립

자신의 삶에서 가장 중요한 것이 무엇인지 명확히 하고, 그에 따라
우선순위를 재정립하는 것이 중요합니다. 가족, 직업, 개인의 취미나
열정 등 여러 가지 요소 중에서 무엇을 가장 중시할 것인지 결정해야
합니다. 이 과정에서 자신의 내면을 깊이 들여다보고, 진정으로 가치
있는 것이 무엇인지 고민해야 합니다.

✓ 시간 관리와 계획

시간은 제한적인 자원입니다. 따라서, 자기주도적인 삶을 살기 위
해서는 효과적인 시간 관리가 필수적입니다. 주간 계획을 세우고, 단
기 목표와 장기 목표를 설정하여 그에 따라 일정을 조정합니다. 가장
중요한 일에 시간을 할애하고, 시간 낭비를 줄이는 방법을 찾아야 합
니다.

✓ 유연성 발휘

현실적인 제약을 극복하는 데 있어 유연성은 매우 중요합니다. 상
황이 바뀌면 계획도 그에 맞춰 조정해야 합니다. 예를 들어, 육아로
인해 전일제 직장생활이 어렵다면, 재택근무나 파트타임 일자리, 프
리랜서로 전환하는 것을 고려할 수 있습니다. 또한, 새로운 기술을 배
우거나 온라인 강좌를 통해 자기계발을 하는 등의 방법도 있습니다.

✓ 지원 네트워크 구축

가족, 친구, 동료 등 주변 사람들과의 긍정적인 관계는 자기주도적인 삶을 살아가는 데 있어 큰 힘이 됩니다. 이들로부터 실질적인 도움을 받거나, 감정적 지지를 얻을 수 있습니다. 또한, 육아나 가사도우미, 멘토링 프로그램 등 외부의 지원을 활용하는 것도 하나의 방법입니다.

✓ 작은 성공 축하하기

자기주도적인 삶을 향한 여정에서 작은 성공을 축하하는 것은 매우 중요합니다. 이는 자신감을 키우고 동기를 부여합니다. 달성한 목표가 작더라도, 그것이 자신이 원하는 방향으로 한 걸음 나아갔음을 의미합니다. 스스로를 인정하는 것만큼 동기부여가 되는 것은 없습니다. 자신을 인정하고 존중할 필요가 있습니다.

자기주도적인 삶을 살아가는 것은 현실의 여러 제약과 도전에도 불구하고 가능합니다. 중요한 것은 자신의 가치와 욕구를 명확히 이해하고, 현실적인 상황에 맞춰 계획을 세우며, 주변의 지원을 적극적으로 활용하는 것입니다. 이 과정에서 유연성을 발휘하고, 작은 성공을 축하하며, 자기 자신에게 친절한 태도를 유지하는 것이 중요합니다. 이러한 접근 방식을 통해, 결혼, 육아, 경력 단절과 같은 현실적인 도전을 극복하고, 자신만의 삶을 주도적으로 살아갈 수 있습니다.

배우자와의 소통과 협의가 우선

30대 결혼한 남성이 아내가 출산을 하여 육아에 전념하고 있다면 자기주도적인 삶을 살기 위해 직장을 그만두고 실행을 해야 할까요? 30대 남성 직장인에게 익숙한 이 상황은 매우 복잡하며, 직장을 그만두는 결정은 신중하게 고려되어야 합니다. 아내가 출산하여 육아에 전념하는 상황에서 가정의 안정적인 경제적 기반을 유지하는 것은 매우 중요합니다. 자기주도적인 삶을 추구하는 것도 중요하지만, 가족의 안정과 복지 또한 우선시되어야 합니다.

따라서, 직장을 그만두는 결정에 앞서 몇 가지 중요한 고려 사항을 점검해야 합니다.

먼저 경제적인 대안을 준비하여야 합니다. 충분한 비상금이 준비되어 있는지 확인해야 합니다. 일반적으로 생활비를 최소 6개월에서 1년 치는 감당할 수 있는 저축이 필요합니다. 직장을 그만두게 되면, 가정의 주요 수입원이 사라지게 됩니다. 다른 수입원이 있는지 또는 직장을 그만두고도 수입을 창출할 수 있는 계획이 있는지 고려해야 합니다.

다음은 가족, 부인과의 협의는 필수입니다. 부인과 긴밀하게 소통하며, 이러한 결정이 가족에게 미칠 영향에 대해 상의해야 합니다. 아내와 함께 이러한 변화가 가족의 장기적인 목표와 비전에 어떻게 부합하는지 고민해 보는 것이 중요합니다. 끝까지 부인이 반대한다면 협의된 시간까지 때를 늦춰야 합니다.

세 번째는 직장 내에서 최대한 성장을 도모하기 바랍니다. 자기주도적인 삶을 살기 위해 반드시 직장을 그만두어야 하는 것은 아닙니다. 현재 직업 내에서 열정을 발견하거나, 일과 삶의 균형을 더 잘 맞출 수 있는 방법을 모색해 볼 수 있습니다. 경우에 따라서는 전직이나 부업, 프리랜서로 활동을 할 수 있고 워케이션이나 원격 근무 등 다양한 근무 형태도 고려해 볼 수 있습니다.

마지막으로 자신의 직업적 열정과 가족의 안정 사이에서 균형을 찾는 것이 중요합니다. 때로는 단기적인 희생이 장기적인 만족과 가족의 행복으로 이어질 수 있습니다. 내면의 목소리에 귀를 기울이고 정신적으로 황폐되고 있다고 느낀다면 과감히 떠날 준비를 하기 바랍니다. 다만, 자기주도적인 삶이 꼭 창업을 해서 사장이 되는 것은 아니라는 점을 강조하고 싶습니다.

결국, 직장을 그만두는 것은 개인의 상황, 가치, 우선순위에 따라 달라집니다. 자기주도적인 삶을 살기 위한 결정은 개인적인 꿈과 가족의 필요 사이에서 균형을 찾는 과정에서 이루어져야 합니다. 개인적으로 나는 직장에 사직서를 낼 때 이러한 고민과 준비, 가족과의 상의가 턱없이 부족했습니다. 스스로에게 매우 자만했던 결정은 이후 많은 후회와 고통을 주었습니다. 여러분들은 이러한 결정을 내리기

전에 충분한 준비와 고민 그리고 가족과 긴밀하게 소통한 후 결정을
내리기 바랍니다.

자기주도적인 삶

10

초아의 봉사
(Service above self)

2001년 봄으로 기억합니다. 성신여대 교수로부터 연락이 와서 식사를 같이 했습니다. 당시 저는 역삼동 르네상스호텔 오피스에서 마제스티클럽이란 프라이빗뱅킹 지점의 지점장을 맡고 있을 때였습니다. 만난 요지는 로타리클럽이란 것이 있는데 한번 해 보면 어떻겠냐는 것이었습니다. 지인이 클럽 창립을 준비 중인데 파운더로 같이 활동해 보자고 권유를 했습니다.

신뢰를 가지고 있는 교수로부터 권유였기에 저는 지점장 활동하는데 도움도 될 것 같고 동시대의 리더들을 만날 수 있다는 단순한 생각으로 흔쾌히 동의했습니다. 내가 경제적 부자도 아니고 지점장 하는 동안 잠시 하고 나오지 하는 생각으로 입회를 했습니다. 서울메트로로타리클럽, 38살에 입회해서 벌써 24년째 로타리언으로서 활동하고 있습니다.

로타리언 활동을 하면서 개인적으로 많은 도움을 받았습니다. 클럽 회장을 3번이나 했고 국제로타리 3640지구의 임원으로서 위원장과 총재지역대표 등을 역임했습니다. 일본 센다이 이즈미로타리클럽과 자매클럽을 성사시켰고 대원외고 인터랙트 클럽도 발족시켰습니다. 클럽 파운더로서 한결같은 후강 안병희 변호사(현 한국미래변호사회 회장)를 비롯하여 200여 명 이상의 클럽 회원들을 만나 국내외 봉사활동을 같이 했습니다. 존경하는 3640지구 총재님과 각 분야에서 리더로 활동 중인 지구임원들을 같은 로타리안이란 이유로 만나 친선과 봉사를 해 온 여정은 제 삶의 중요한 일부가 되었습니다.

로타리언은 매년 EREY 100$, 의무 재단기부가 있고 자율적으로 국제로타리재단에 매년 1,000$씩 폴 해리스 펠로우(PHF) 기부를 합니다. 한국로타리장학재단에 장학기금도 자율적으로 기부합니다. 물론 클럽에 회비와 발전기금 형태의 특별비도 내야 합니다. 로타리 또는 라이온스 클럽의 회원은 재벌이나 하는 거지, 봉사한다고 모여서 골프 치고 술이나 먹고 아주 엉망이야 하는 식의 편견과 오해도 있습니다. 하지만, 대다수의 로타리안은 1년에 300만 원 정도에서 다양한 사회봉사와 국제평화에 기여하고 있습니다. 피트니스클럽 연회비 정도로 말입니다.

삶의 여정이 구불구불 어려움에 처할 때마다 제 주위의 여러 모임을 하나하나 곱씹어 봅니다. 그리고 일부 모임은 양해를 구하고 탈회를 합니다. 이유는 정확히 몰라도 로타리클럽 회원만큼은 유지를 했습니다. 잘나가던 직장 퇴사를 하고 창업과 폐업을 하고 부채가 커져 집안이 어려운 상황에서도 20년 이상 봉사회원으로 남았습니다. 지금 돌이켜 보면 그만큼 저를 표현할 수 있는 아이덴티티가 강하게 자리 잡았기 때문인 것 같습니다.

봉사인으로서의 아이덴티티

이천에 살고 계시는 유해정 대표는 창업멘토로 활동 중인데 봉사 단체 개미회 회원입니다. 매월 특정일에 지적장애인 시설인 경기도 하남시 나그네집을 방문해서 식사를 만들어 주고 외부 주변 청소도 하는 봉사를 하고 계십니다. 페이스북에 가끔 올라온 사진을 보면 개인적으로 존경심을 갖게 됩니다.

제가 2007년 로타리클럽 회장을 할 때 봉사의 인연으로 처음 만난 (사)한국한아름복지회 이상임이사장은 15년 가까이 지역사회, 특히 독거노인 재가복지사업과 성폭력피해여성 보호시설을 운영하셨습니다. 저도 복지회의 이사로서 10년 정도 같이 했습니다. 이런 복지사업에는 도와주는 자원봉사자가 생각보다 많이 있습니다. 가끔 이상임이사장님과 통화를 할 때마다 김장봉사를 하면서 웃고 계신 모습이 눈에 선합니다.

2013년 협동조합기본법 시행 이후 신협이 주관한 협동조합 전문가 양성교육에서 동기 교육생으로 남궁청완이란 분을 만났습니다. 인상도 좋으시고 말씀도 잘하신 기억이 있습니다. 페이스북 친구로 이후 소통을 해 오고 있는데 사회적협동조합 혜민서 이사장을 하고 계십니다. 사회적협동조합 혜민서는 우리 역사 속에 자리해 온 일반 서민 치료기관, 혜민서의 위민상생 정신을 실천하기 위하여 홀몸 노인에 대한 도시락·반찬 제공사업, 노인에 대한 건강식품 무료 공급 사업 및 인간의 존엄성을 위한 독사자(獨死者) 장례사업을 통하여 노인복지에 기여하고 있습니다. 배려와 협동을 통한 상보상생(相補相生)의 귀감은 제가 연구하는 상화경영 구체화에 매우 큰 영향을 주었습니다.

위로와 공감, 작가 전이수

제주도 조천읍, 함덕해수욕장 인근에는 매우 유명한 갤러리가 한 곳 있습니다.

갤러리 이름이 '걸어가는 늑대들'입니다만 전이수갤러리로 더 알려진 곳입니다. 그림동화 작가 전이수는 TV프로그램 〈영재발굴단〉에 소개된 이후 그림과 글을 통하여 많은 사람들에게 치유와 공감을 주었습니다. 가족과 함께 저도 전이수갤러리를 방문해서 그동안의 작가 그림 전시도 보고 영상도 보았습니다. 특히 가장 관심을 가졌던 위로 시리즈 그림카드 전체를 구입했기 때문에 기분이 좋았습니다. 잘 보이는 곳에 소중히 간직할 생각입니다.

전이수 작가는 10대 중반으로 학교는 검정고시로 졸업하고 한라산 어딘가에 작업실을 만들어 놓고 작품활동을 하고 있다고 전해 들었습니다. 전이수 갤러리가 다른 갤러리와 다른 점이 있습니다. 전시 입장료 수익은 제주도 미혼모 보호시설과 국경 없는 의사회 그리고 아프리카 친구들을 위해 쓰인다고 적혀 있습니다. 작가, 나아가 작가를 키우신 부모님과 동생들의 선한 영향력에 큰 감동을 받았습니다.

개인적으로 전이수 작가의 작품 키워드는 '위로'라고 생각합니다. 갤러리를 방문했을 때 갤러리 담벼락에 쓰여진 글 하나를 소개합니다.

사람은 모두 함께 살아간다
그래서 모두 영향을 받는다

난 엄마가 아프면 나도 아프다
우리는 두 사람이지만 한 사람처럼 느낀다

함께 살아가는 우리들은 한 사람의 아픔을
그냥 바라보는 게 아니라
그 아픔을 헤아려 한 사람의 마음으로
바라보면 좋겠다는 생각을 했다
우리는 모두니까   – 이수생각 –

이수 작가의 메세지는 제가 이 책에서 강조하는 사회적 가치와 일맥상통합니다. 앞에서 소개한 사회적협동조합 혜민서의 설립 목적, 상보상생과도 연결되어 있습니다.

신앙인과 봉사인의 공통점은 일회성이 아니라 평생 지속하게 된다는 점입니다. 그만큼 봉사의 힘은 대단합니다. 초아의 봉사가 주는 감동과 자아 만족은 또 다른 봉사의 동기부여가 됩니다. 특히 같이 참여한 사람들 모두가 수평적인 관계로 만나기 때문에 상호 신뢰와 관계도 더욱 친밀해집니다. 가장 큰 강점은 이러한 봉사를 지속적으로 하기 위해서 자신의 비즈니스에 더 충실하게 되고, 삶에서의 위치를 상향시키는 노력을 하게 된다는 점입니다.

지금의 젊은 세대 여러분들도 개인이 관심을 가지고 있는 봉사단체가 있다면 경험해 보실 것을 권합니다. 대표적인 청년조직으로 사단법인 한국청년회의소 JCI KOREA(Junior Chamber International, JCI)가 있습니다. 가입 단체 선정 시 가급적 오래된 역사와 글로벌 네트워크 여부를 우선으로 고려하기 바랍니다. 그리고 해 보고 싶은 마음이 조금이라도 든다면 주저하지 말고 가입해서 활동하기 바랍니다.

3부

경제적 자유로의
단계별 가이드

11

오토스파와
선한레시피

2003년 4월, 다니던 증권회사를 나와 서울대학교 글로벌 최고경영자과정(GLP)에서 교육 동기생으로 만난 애니메이션 회사 대표로부터 콜을 받아 부사장으로 이직을 했습니다. 계약 기간은 우선 1년으로 하고 연봉도 기존 직장에서 받은 이상으로 계약을 했습니다. 제 업무는 이 회사를 코스닥 등록이나 코스피 상장을 추진하는 것이었습니다.

증권시장에 등록이나 상장시키는 것은 제 네트워크를 활용하면 되기 때문에 큰 걱정 없이 취업을 하고 회사 내부를 들여다보니 여러 문제점이 있었습니다. 결국, 3개월도 안 되어 증권시장 진입은 포기하기로 하고 애니메이션 제작에 한정되어 있던 사업을 다양한 콘텐츠 제작 기업으로 변신시키는 역할을 맡았습니다. 음반 제작, 드라마 투자, 연극이나 뮤지컬 투자 등 콘텐츠 제작사의 대표들을 만났습니다. 이때의 경험이 한국콘텐츠진흥원 평가위원으로 활동하는 데 배경이 되었습니다.

오너는 당장 돈이 안 되는 사업보다는 리스크가 적은 수입차 판매 회사 등을 하면 어떻겠냐고 의견을 줍니다. 결국, 회사의 미래를 보는 지향점이 다르다 보니 이 회사에서의 계약은 딱 1년으로 마무리되었습니다. 우리가 익히 알고 있는 대기업의 경영시스템과 중소·중견기업의 오너중심 경영은 매우 큰 차이가 있다는 것을 깨닫는 기회가 되었습니다. 퇴사 전 3개월 전부터 무엇을 해서 먹고살아야 할지 알아보기 시작했습니다. 그야말로 홀로서기가 시작됩니다.

프랜차이즈 박람회도 가 보고 선배님과 기존에 지인 기업들을 방문하면서 창업에 대한 자문도 구해 보았습니다. 그래도 회사에서 월급을 받고 있다 보니 사업 아이템은 회사를 나오는 날까지 결정이 안되었습니다. 퇴사 후 경제적인 수입을 창출해야 하니 역삼동에 오피스텔을 월세로 하나 얻어서 본격적인 사업계획 수립에 들어갔습니다만 3개월이 되도록 나 자신 스스로 할 수 있는 것이 없구나 하는 무력감만 커졌습니다. 지켜보던 아내에게도 미안했습니다.

그래도 다른 곳에 취업한다는 생각은 하지 않았습니다. 이유는 이제 남의 밑에서 일하지 말고 내 사업을 할 때라는 결심이 강했습니다. 단지 머리로 하는 일보다는 땀 흘려 일하는 사업을 우선적으로 한다정도의 원칙만 정한 상태였습니다. 아마도 제품을 직접 생산하는 제조업 사장을 생각하고 있었던 것 같습니다. 문제는 증권회사에서 배운 그동안의 역량과는 관련성이 적다 보니 쉽게 결심을 할 수 없었습니다.

고민과 무력감에 빠져 있을 때 이를 안타깝게 바라보던 후배가 강남에 카센터를 한번 해 보는 것이 어떻겠냐고 제안을 합니다. 후배는 역삼동에서 삼성자동차 정비센터를 하고 있었으며 국민대학교에서 자동차공학박사 학위도 받은 자동차 전문가였습니다. 가끔 가 보면 자동차가 들어갈 수 없을 정도로 바빴기 때문에 신뢰를 가지고 대화에 응했습니다. 나는 자동차정비에 대해서 아는 것이 하나도 없는데 카센터를 어떻게 하냐고 했더니 본인이 카센터 오픈까지 일을 봐주겠다고, 특히 3~4억 투자하면 한 달에 1천만 원은 벌 수 있다고 하는 말에 바로 준비에 들어갔습니다.

창업준비도를 체크하라

우선 카센터를 지을 수 있는 부지를 찾기로 합니다. 강남을 우선으로 고려하기로 하고 시간만 나면 강남의 모든 도로를 이 잡듯 찾아다니고 부동산에도 복비를 후하게 줄 테니 부지 좀 찾아달라고 부탁을 했습니다. 그러나 강남의 대부분 도로가는 미관지구로 묶여 있어서 부지 임대가 쉽지는 않았습니다. 서초구와 송파구까지 사업장 장소 범위를 넓히기로 하고 찾기를 3개월, 결국 찾았습니다. 8차선 도로변 부지로 150평 공터였습니다. 보증금 2억 원에 월세 1,320만 원으로 계약을 체결했습니다. 이제 되었구나 한숨을 돌렸습니다.

건축 설계를 하고 땅 주인 허락도 받았습니다. 2층 건물로 멋있게 지어서 빨리 사업을 시작해야지 부푼 꿈도 잠시 여기저기서 태클이 들어옵니다. 공터 자리에 기존 밤에 장사하던 포장마차가 이사비로 2천만 원을 요구하고 건축 중에는 공터부지 뒤편 주택가에 있는지도 몰랐던 절 신도들이 공사중단을 구청에 청원하고 공사 막바지에는 갑자기 장애인 단체 등이 떼로 몰려와 출입구를 막고 꽹과리를 치면서 거마비까지 달라고 하는 등 이전에 전혀 몰랐던 세상을 만나게 되었습니다. 담배와 소주만 늘기 시작했습니다.

이러한 과정을 잘 이겨 내고 미쉐린타이어 대리점과 수입차 정비, 카뷰티 전문점 '오토스파'라는 간판을 걸고 개업식을 했습니다. 초대한 많은 분들이 제 사업을 축하하는 해 주었지만 다들 왜 카센터, 의아한 인상을 주신 것은 한쪽으로 흘려보냈습니다. 이유는 먹고살아야 했기 때문이었습니다.

설계부터 건축공사와 실내외 인테리어, 정비 관련 장비 세팅까지 2004년 기준으로 7억 5천만 원 정도가 투자되었습니다. 지금 생각해 보면 경기도의 중형 정비공장을 충분히 차릴 수 있는 규모였습니다. 그래도 VIP만 상대하던 지점장까지 했는데 강남에서 그럴싸하게 해야 되지 않겠나 하는 거품이 가득했던 창업이었습니다.

다행히 초기 몇 년은 후배가 말한 것처럼 적절한 수익이 생겨서 아이들 가르치는 데는 큰 문제 없이 생활할 수 있었습니다만 투자금을 회수하는 수준은 못 되었습니다. 특히 직원이 10명 전후였는데 급여도 매년 올라가고 노동 관련 법률이 개정되어 4대보험, 퇴직금 등 지출이 매년 늘어나다 보니 저축은 없이 그럭저럭 버티는 수준이었습니다.

이후 2008년 IMF 사태가 발생하고 자동차 제조사의 품질보증기간이 대폭 늘어나고 자동차 품질 또한 좋아지면서 자동차 정비 매출이 감소하기 시작했습니다. 수입 자동차 카뷰티 시장도 매출이 줄기 시작했습니다. 차량 외관에 소비하는 트렌드가 바뀌어 주유소 자동세차장으로 가는 것을 보면서 이제 이 사업은 더 이상 할 수 없겠구나 결론을 내렸습니다. 카센터 전문 부동산업체에 오토스파를 팔아 달라고 부탁을 했는데 문제는 카센터를 하려는 사장 중에서 7억 5천만 원이나 들어간 카센터를 인수할 사람은 없을 거라고 합니다. 큰 난관이 터졌습니다.

사업을 할 때 특히 부동산이 포함된 창업을 할 때 시작하는 것보다 팔고 나오는 것이 정말 중요하다는 사업의 본질을 깨닫게 해 주었습니다. 권리금을 온전히 받고 나오는 것이 가장 중요합니다. 그렇지 않으면 앞에서 남고 뒤에서 쪽박이 되어 결국 큰 손해를 보게 됩니다. 그래도 하늘이 도와주셨는지 테헤란로 건물 소유주 한 분이 제 위치에 욕심이 있어서 처음에 투자된 금액만큼은 받고 빠져나올 수 있었습니다. 그런데 문제가 또 발생합니다.

바로 같이 일하던 직원들이었습니다. 카뷰티 직원들은 인수한 업체에서 고용을 승계한다고 하니 해결이 되었고 정비직으로 일한 직원들은 당장 갈 데가 없다 보니 여린 마음에 과감히 헤어지지 못하고 이 면도로에 작은 규모로 GM대우역삼정비를 만들어 근무시켰습니다. 사실 저는 이때부터 앞으로 제가 무엇을 해야 하는지 준비를 시작했고 공장장 중심으로 운영을 해서 손해만 나지 않으면 된다는 생각으로 경영관리만 해 주었습니다.

다행히 저는 어렵게 준비한 경영지도사 시험에 합격을 하게 되고 합격 3개월 전에 공장장에게 업체를 양수도하게 됩니다. 돌이켜 보면 자동차정비에 문외한인 사람이 큰돈을 투자해서 사업을 시작했지만 성공하진 못한 것입니다. 저를 잘 아는 많은 분들이 개업식에서 보낸 의아한 눈초리들이 정확히 맞은 것입니다. 다만 빨리 안 망하고 8년이나 버틴 것이 더 의아했을지도 모르겠습니다.

저의 첫 창업스토리를 보면서 어떤 생각이 드나요?

가장의 무능력 선언

경영지도사 시험에 합격한 이후 가족회의를 통해서 경영컨설팅 회사 창업과 이후 3년 정도 집에 경제적 지원을 못 할 것 같다라는 폭탄 선언을 하게 됩니다. 새로운 업을 시작해서 경제적 수익을 창출하기까지는 시간이 걸리기 때문이었습니다. 그동안 가장으로서 책임져야 했던 굴레를 벗어 버렸습니다. 50대 초반, 이제부터는 내가 하고 싶은 일을 하면서 살고 싶다는 선언이었습니다. 사실 가장이 이런 말을 하는 것은 무책임 자체였지만 처음으로 제 속마음을 토하는 진정한 감정(Authentic feeling)의 순간이었습니다.

이런 가족회의 이후 아내와 자식들은 변화가 시작되었습니다. 이제는 아빠를, 남편을 믿고 의지하면 안 되겠구나 생각을 했을 겁니다. 딸과 아들은 대학 졸업과 동시에 남들보다 빨리 취업을 하게 됩니다. 아내도 집 근처에 조그만 쿠킹클래스 사업을 시작합니다. 제 아버지가 저에게 충격을 준 것과 같이 저의 무능력 선언이 아이들에게 철을 빨리 들게 한 효과도 있었다고 생각합니다.

비슷한 고민을 하는 친구들에게 저는 자신 있게 말합니다. 아이들 다 키웠는데 솔직하게 다 얘기해. 혼자 속 썩지 말고 그러다 몸만 상해. 건강 잃으면 정말 끝이야 하고 격려를 합니다. 아내든 자식이든 가장이 자신의 어려움을 이야기하는 순간 의외로 빨리 독립하거나 도움이 되는 역할을 해 주는 것을 많이 보았습니다. 여러분도 힘이 들면 가족에게 속마음을 말해야 합니다. 가족 모두가 돕다 보면 어느새 자기 위치를 찾아가게 됩니다.

이런 저의 부족함을 메꾸기 위해 아내는 동네에서 쿠킹클래스를 시작하였습니다. 보증금과 권리금까지 다 합쳐서 1,500만 원이 투자되는 사업이었습니다. 전원마을 주택가 외진 곳에 10평도 안 되는 공간에서 1인 창업을 한 것입니다. 아내는 영양사, 한식조리사 자격증이 있었습니다. 식품영양학을 전공하고 결혼 전에 경기도 초등학교 급식 교사도 했기 때문에 쿠킹클래스로 사업을 시작한 것입니다.

제가 했던 창업과 근본적인 차이는 아내는 음식 만드는 것을 좋아합니다. 궁중음식, 사찰음식 전문교육도 받았습니다. 이런 내공에서 시작한 창업은 순항을 하게 됩니다. 수업반이 조금씩 늘어나고 교육생 수도 의외로 안정적이어서 본인 용돈이나 가정경제에 도움이 되었습니다.

어느 날 아내가 쿠킹클래스 공간 옆 사무실을 같이 얻어서 식당을 해보면 어떻겠냐고 질문을 합니다. 가서 보니 이 외진 마을에 유동인구도 적은데 식당을 하면 안 될 것 같다고 했습니다만 아내는 고심 끝에 식당을 하기로 마음먹었습니다. 자연요리 전문점 선한레시피의 시작입니다.

선한레시피의 탄생

갑자기 식당을 하게 된 아내는 고민이 컸습니다. 투자금액도 커지게 되고 당장 어떤 메뉴로 장사를 해야 할지, 그릇과 테이블 구입부터 인테리어 결정 그리고 동업자와의 계약서 작성, 직원채용과 세무 등 경영관리까지 모든 것이 처음인 아내에게 가족 모두는 힘이 되어 주려고 노력했습니다.

아내와 곤드레밥을 하면 좋겠다고 생각하고 강원도 정선과 영월 등으로 곤드레나물밥 원조 음식점과 재료공급처를 알아보러 다녀오기도 했습니다.

선한레시피 본점(성남시 분당구 정자동)

여러 테스트와 논의를 거쳐 최종 연잎밥 전문점으로 메뉴가 정해졌습니다. 처음에는 곤드레나물밥도 같이 제공했지만 연잎밥으로 주메뉴를 결정한 것은 사찰음식을 배웠던 선재스님의 영향이 컸다고 생각합니다.

연잎정식과 연꽃정식 2가지의 메뉴 구성에 많은 정성을 들였습니다. 그릇은 모두 이천의 도자기로 구입하고, 인테리어 또한 전원마을인 만큼 다소 모던한 카페형태로 인테리어를 했습니다. 식재료는 최대한 국내산 중심으로 공급처를 선정하였습니다. 조청은 한살림 생협 매장에서 구입하고 양조간장이 아닌 조선간장을 사용하는 방식으로 기존에 찾기 힘든 건강하고 속 편한 음식으로 차별화했습니다.

월 손익분기점을 계산해 보니 월 매출액이 1,750만 원 이상은 나와야 한다고 알려 주었습니다. 다행히도 분당의 외진 전원마을에 고객들이 와 주셔서 창업 초기부터 이 매출액은 무난히 달성했습니다. 저 또한 아내를 도와야 한다는 생각으로 제가 아는 지인들을 초대해서 제 돈으로 매출을 올려 주었습니다. 선한레시피 상호는 딸이 작명을 했습니다. 다들 좋은 이름이라고 하니 글솜씨가 좋은 딸이 큰 역할을 했습니다.

창업 이후 10년간 10배 성장

선한레시피는 창업 이후 코로나가 오기 전까지 10년 동안 돈을 쓰는 마케팅을 한 적이 없습니다. 당시 유행한 온라인마케팅이나 SNS 마케팅을 안 하고 여기까지 온 것을 보면 온전히 고객 덕분입니다. 고객이 고객을 부르는 구전마케팅, 고객이 알아서 SNS채널에 선한레시피 사진과 글을 남겨 주셨습니다. 유명인들도 많이 찾아 주시고 강남에서 용인에서 오시는 고객이 늘다 보니 자연스럽게 분당을 대표하는 음식점으로 자리를 잡아갔습니다.

정자동 본점에 이어 판교점을 오픈했습니다. 벌써 10년이 넘었습니다. 판교점은 위치도 좋고 공간도 커서 매출액이 많이 나오는 수익 창출 점포로 성장합니다. 다만 고급 주택가에 있다 보니 주차로 인한 민원이 끊이질 않습니다. 가끔은 주차장이 딸린 대형음식점을 외곽에서 해 볼 생각도 했습니다만 지금은 투자금액도 그렇고, 아내 건강을 고려하거나 직원 관리의 어려움 등 아는 것이 많다 보니 굳이 할 생각은 접었습니다.

1,500만 원으로 시작한 선한레시피는 창업 이후 현재까지 매년 성장을 계속해 왔습니다. 정자동 본점과 판교점을 합친 매출액은 이제 10배가 되었습니다. 코로나 시기에는 자녀들의 아이디어로 빠르게 도시락을 만들어 배달앱을 사용하면서 위기를 극복했고 이제는 인근에 있는 분당 서울대병원의 도시락 주문 단골 음식점이 되었습니다.

선한레시피 연잎정식

작지만 강한 경쟁력을 갖춘 창업

아내는 결정은 다소 늦지만 사업가로서의 역량이 확실히 저보다 한 수 위입니다. 25년간 전업주부로 있었지만, 가정에 위기가 왔을 때 바턴을 넘겨받아 가정에 중심이 되어 준 아내에게 큰 고마움을 보냅니다.

경제적 안정 또는 경제적 자유를 얻는 다양한 방법 중에 저와 아내의 창업스토리를 먼저 소개하였습니다. 폼 내지 말고 '작게 시작하라', '작지만 강하게 시작하라'가 제가 전하고 싶은 이야기입니다.

농업 분야 정책 중 2005년 이후부터 본격화된 강소농 지원제도가 있습니다. 강소농에 대한 정의는 전남대학교에서 농촌진흥청에 보고한 '강소농 육성정책사업의 활성화' 연구보고서(2011.12)에서 '성공한 농업인, 즉 농업에 의하여 순소득 1억 원 이상을 달성하는 개인'으로 정의하고 있습니다. 현재 기준으로는 순소득 2억 원 정도가 될 것입니다. 이러한 강소농의 대표적인 작목별 명인들이 바로 '농업 마이스터'입니다.

농업 마이스터가 되기 위해서는 교육, 자격 취득 등 자신의 전문성을 키우는 노력과 함께 기회가 되면 주제를 정해 국내외 벤치마킹도 많이 하여야 합니다. 닮고 싶은 농업인, 농장 등을 찾아가 새로움을 접하고 수용하고 용기를 내어 혁신에 도전합니다. 아내가 창업하여 운영 중인 선한레시피와 농업 마이스터는 일맥상통합니다.

자신이 남들보다 돈을 많이 벌겠다는 목표를 가진 청년이라면 안정된 직장에서의 근로소득보다는 사업과 투자를 해야 합니다. 그만큼 위험을 감수해야 합니다. 작지만 강한 경쟁력을 갖추어 창업을 하고 자신의 분야에서 마이스터가 되기 위한 노력을 지속적으로 경주한다면 여러분들은 어느새 경제적 자유를 누리게 될 것입니다.

12

내 집 투자가
중요하다

미래세대에게 가장 미안한 부동산부터 시작해 보겠습니다. 결혼을 할 때 살 집이 필요하니 보증금과 월세 형태의 집을 얻었습니다. 안양시 관악역 앞에 있는 방 2개짜리 5층 아파트였는데 집주인이 방 한 개는 자신의 짐을 놓겠다고 하고 나머지만 사용하는 조건으로 보증금 200만 원에 월세 6만 원으로 계약을 했습니다. 신혼이고 둘 다 대전에서 안양이란 객지로 와서 터전을 잡았으니 그냥 설레고 좋았던 시절이었습니다.

1987년 7월에 첫 직장을 입사하고 8월에 결혼을 했는데 전국적으로 민주화운동이 극심할 때였습니다. 버스, 택시 다 파업을 해서 결혼식 날에는 서울에서 직장 상사분들이 대전역에 도착하여 예식장까지 걸어와야 했습니다. 아버지가 독립운동을 하셨냐면서 왜 8월 15일, 삼복더위에 결혼을 올리느냐고 핀잔도 받았습니다. 다행히 입사 후 얼마 안 되어 회사가 우리사주라는 것을 주었습니다. 신입사원인 저희 동기들도 조금씩 다 받을 수 있었는데 1년 뒤 주식을 팔 때는 거의

10배 이상으로 올라서 큰 목돈을 만지게 되었습니다.

이해가 안 갔지만 일부 동기들은 회사에서 우리사주를 받은 뒤에 다른 회사로 바로 옮겨서 또 우리사주를 받았던 분도 있었습니다. 당시 정서로는 배은망덕하지 않았나 하고 무시를 했습니다. 연탄불과 아이 키우기에 집이 작아 최우선으로 집부터 옮기고 싶었습니다. 사람은 일단 서울로 보내야지 하는 어르신들 말처럼 제 머릿속에는 서울 한복판으로 들어가야 한다는 일념으로 아내에게 직장 근처인 여의도 목화아파트로 바로 가자 하고 가장 적은 15평 아파트를 전세로 얻었습니다.

이 판단이 첫 번째 큰 실수입니다. 당시 5,000만 원이란 큰돈이 생겼는데 웬만하면 서울 어디든지 작은 아파트를 샀어야 합니다. 작은 집 전세를 얻어놓고 동기생들끼리 무엇 때문에 현혹되었는지 우리나라에서 서울 근교에 처음 생기는 스키장 리조트인 베어스타운 48평 형을 샀습니다. 차도 없는데, 스키를 타본 적도 없는데 가격이 올라갈 것이라고 하는 정보만 믿고 헛발질을 했습니다. 회사 대리님과 과장님들은 당시 거들떠보지도 않는 목동 아파트와 용산 전자상가들을 헐값에 구입하셨는데 28살 눈에는 세상을 보는 눈이 정말 없었습니다. 이후에는 적어도 10년 차이가 나는 선배님들 의견을 구하고 귀담아들었습니다.

입지가 인생을 바꾼다

여의도에 살면서 대리로 승진을 할 때 부서에 같이 근무하는 고참 대리님과 과장님이 광명시에 사셨습니다. 한 분이 차를 가지고 계셔서 카풀로 출퇴근을 하셨는데 어느 날 저에게 여의도 15평에서 살지 말고 그 돈이면 철산동에 새로 신축한 KBS 조합아파트 32평에 살 수 있으니 이사할 것을 권유했습니다. 둘째 아이도 곧 태어나니 우리 부부는 철산동 신축 32평 아파트로 이사를 하게 됩니다. 돌이켜 보면 이것이 두 번째 실수입니다.

결국 철산동에서 주공아파트 15평을 첫 집으로 구입을 하게 됩니다. 다른 지역이나 동네에 대한 정보를 전혀 모르니 살던 집 가까이에서 집을 사게 된 것입니다. 시간이 흐르고 나니 서울에서 태어나 교육 받고 자란 친구들이 얼마나 많은 혜택과 기회를 받은 건지 새삼 억울한 면도 있습니다.

이후 양재동에 있는 동원그룹 회장비서실로 파견발령을 받고 그룹 교육과 관련된 업무를 하면서 철산동에서 양재동까지 대중교통으로 출퇴근을 하였습니다. 당시에는 교통여건이 좋지 않아 야근을 할 때면 집에 가기가 정말 싫었던 적도 많았습니다. 힘든 시간을 이겨 내고 다시 회사로 복귀하니 지금의 교대역 근처 지점으로 발령이 났습니다. 회장님께서 지점장에게 직접 전화도 주시고 해서 처음 영업직임에도 잘 적응을 해 나가고 있었습니다. 이때 제 운명을 바꾸는 큰 사건이 발생합니다.

교대역 인근 삼풍아파트에 사시는 고객분이 지점에 오셔서 저와 상담을 하고 가셨는데 지점장에게 이 대리 집은 어디냐고 물으셨다고 합니다. 아마 철산동에 살 겁니다 했더니 철산동을 모른다고, 광명시 철산동이라고 했더니 그럼 나는 이 대리가 관리자 하면 안 한다고 하셨답니다. 할 수 없이 관리자를 바꾸니 이해를 하라고 지점장이 양해를 구합니다. 그날 집에서 아내와 함께 처음으로 사는 지역과 살고 있는 집에 대하여 고민을 했습니다. 그래, 우리도 강남으로 가자 하고 결심과 함께 바로 철산동 집 팔고 개포동 주공아파트로 이사를 하게 됩니다.

지금도 아내가 스스로 가장 잘한 선택이었다고 주장하는 강남 입성입니다. 처음에는 15평 전세로 들어와서 2년 뒤 구입을 했습니다. 처음부터 저희 부부는 5층짜리 주공아파트를 중심으로 계속 이사를 하고 살았는데 다행인 것은 집값이 오르면 올랐지 떨어진 적은 한 번도 없었습니다. 그래서 그 성공의 경험 때문에 지금도 지역의 5층 주공아파트 단지를 보면 투자 욕심이 납니다.

개포동 주공아파트에서 아이 둘을 키우면서 처음으로 차를 구입했습니다. 주공아파트의 같은 계단 라인에 계시는 이웃분들도 잘 만나서 집마다 다니며 식사도 같이하고 좋은 추억이 많았던 시절이었습니다. 그러다 IMF가 왔습니다.

사회 전체적으로는 상상하기 힘든 어려움이 있었지만 저는 위기가 아닌 기회로 생각하였습니다. 드디어 32평으로 갈 때가 왔다고 생각하고 대치동 은마아파트를 알아봤습니다. 우리가 가고 싶은 집들은 항상 2천만 원 정도가 부족했습니다. 왜 그렇게 은행 돈 빌리는 것을 두려워했는지 결국 대치동으로 못 가고 송파구 미륭아파트 32평을 사게 됩니다.

드디어 32평 아파트를 사다

그래도 큰아이가 6학년으로 올라갈 때 대치동에서 학교를 보내겠다는 생각으로 과감히 송파구 아파트를 팔고 대치동 선경아파트로 전세를 옵니다. 그리고 아이들 모두 대학생이 될 때까지 대치동에서 키우게 됩니다. 노무현 대통령 임기 중 부동산이 폭등을 할 때 대치동의 국제아파트 32평을 사서 이사를 했습니다. 저는 우리나라가 앞으로 부동산이 오르기 힘들다는 논리를 지지했습니다. 그러나 아내가 눈물을 글썽거리면서 이번에 꼭 사야 한다고 해서 할 수 없이 샀습니다만 아파트 가격은 단기간에 100% 가까이 폭등을 합니다. 이 시점부터 부동산 관련 제 의견은 무시를 당하기 시작했습니다.

기회가 왔는데 부동산 투자에 무지하니 그냥 지나가 버렸습니다. 대치동 선경아파트 45평을 8억 원대에 사라고 이사 가는 앞집 주인이 친절히 권유까지 했는데 무시했습니다. 제 나이에 유사한 경험을 한 분들이 참 많을 것입니다. 반대로 부동산 매매 타이밍을 거꾸로 해서 화병이 생긴 분들도 많습니다. 남자들이 기가 죽고 대한민국에서 모계사회가 창궐하게 된 것은 부동산 가격 양상과 밀접한 관련이 있다고 생각합니다. 그래도 강남의 핵심지역에 산다는 이유로 시세 차익은 타 지역에서 보기 힘든 금액을 벌었습니다. 아내와 함께 30년 이상 살아오면서 15회 이상 이사를 했는데 가장 좋은 기회는 바로 강남에 살 때였습니다. 지금도 각자 가정을 이룬 제 아들딸에게는 여건이 되면 강남에서 살면 좋겠다고 권고를 합니다. 살아 봐야 압니다.

최근 코로나가 불러온 저금리 기조와 통화량 공급 확대로 부동산 광풍이 지나가고 있습니다만 부동산 투자환경은 젊은 세대들에게 앞으로도 여러 번의 기회를 줄 것입니다. 중요한 것은 최대한 빨리 자기가 살 아파트를 보유하여야 하고 가급적 남들이 살고 싶은 지역으로 옮겨 가길 바랍니다. 당연히 청약 혜택도 최대한 활용하여야 합니다. 공부가 되어 있다면 경매나 공매로 아파트를 구입해도 좋은 방법입니다. 그러면 자기 집 한 채에 살면서도 남들 이상으로 이익을 낼 수 있습니다. 물론 감당할 수 있는 레버리지 이내에서 투자하여야 합니다. 하우스 푸어가 되어 졸지에 큰 어려움을 겪는 분들도 많이 보았습니다. 집이 두 채나 세 채가 아닌 자기 집 한 채라도 좋은 입지에 가지고 있으면 노후준비가 그렇게 어렵지 않은 세상입니다.

나는 현재 분당에 살고 있습니다. 대표적인 1기 신도시 지역으로 최근 여러 호재가 많은 곳입니다만 베이비붐 세대 입장에서는 주거에 들어가는 세금, 유지비 그리고 지역 내 커뮤니티에서 어울릴 수 있는 사회적 비용이 감당할 수 있는 수준이기를 바라고 있습니다. 부동산에 대한 패러다임이 젊은 세대와 다를 수밖에 없습니다.

젊은 세대 여러분은 부동산 투자 관련 공부에 자신의 시간을 할애하기 바랍니다. 특히 온·오프라인 주말 강좌에 직접 참여해 볼 것을 권합니다. 지역을 다니면서도 그 지역의 부동산을 들러서 시세도 알아보고 관심을 가져 보는 습관을 갖기 바랍니다. 부동산에 관심을 갖고 보는 눈을 갖게 되면 상가나 토지, 공장, 중소형 건물 등 투자 수단의 확대도 가능하게 될 것입니다. 어떤 자산관리보다도 부동산은 그 중심이고 가장 강력한 부의 축적 수단이기 때문입니다.

13

자산관리의 핵심

통계청에서 발표한 2023년 가계금융복지조사 결과의 주요 내용은 다음과 같습니다. 조사 내용은 가계의 자산, 부채, 소득, 지출 등을 통해 재무건전성을 파악하고, 경제적 삶(well-being)의 수준 및 변화 등을 미시적으로 파악하기 위한 것입니다. 통계청이 금융감독원 및 한국은행과 공동으로 전국의 2만여 표본가구를 대상으로 실시하여 작성합니다.

2023년 3월 말 기준 우리나라 가구의 평균 자산은 5억 2,727만 원으로 전년 대비 3.7% 감소하고, 부채는 9,186만 원으로 전년 대비 0.2% 증가해서 가구의 자산에서 부채를 뺀 순자산은 4억 3,540만 원이라고 합니다. 2023년 3월 말 기준 순자산 보유액이 3억 원 미만 가구가 전체 가구의 57.4%, 10억 원 이상 가구가 10.3%를 차지합니다. 이를 보면 자신의 위치가 어느 정도에 있는지 유추하실 수 있겠습니다.

순자산 보유액 구간별 가구 분포

(단위: %, %p)

순자산 (억원)		-1 미만	-1-0 미만	0-1 미만	1-2 미만	2-3 미만	3-4 미만	4-5 미만
가구 분포	2022	0.3	2.9	26.3	14.8	11.4	8.4	6.6
	2023	0.2	2.7	26.7	15.5	12.4	8.8	6.5

5-6 미만	6-7 미만	7-8 미만	8-9 미만	9-10 미만	10 이상	중앙값 (만원)
5.1	3.9	3.5	3.2	2.3	11.4	24,662
5.0	3.8	3.2	2.6	2.4	10.3	23,910

출처: 2023년 가계금융복지조사 결과, 통계청

전체 자산(5억 2,727만 원) 중 금융자산 23.9%, 실물자산 76.1%로 구성되며, 가구주 연령대별로는 50대 가구가 6억 452만 원으로 가장 많은 자산을 보유하고 있습니다. 가구주 연령대가 높을수록 전체 자산 중 실물자산이 차지하는 비율이 증가하며 가구주 종사상지위별로 보면, 금융자산은 상용근로자가 1억 6,190만 원으로 가장 많고, 실물자산은 자영업자가 5억 4,129만 원으로 가장 많은 것으로 나타났습니다.

가구주는 여유자금 운용 방법으로 '저축과 금융자산 투자'에 50.4%, '부동산 구입'은 23.9%, '부채 상환'은 21.6%의 순이며, 금융자산 투자 시 선호하는 운용 방법은 '예금'이 88.8%로 가장 많았고, '주식' 8.7%, '개인연금' 1.5% 순으로 나타납니다. 주식투자자가 많은 것처럼 보일지라도 실상은 그렇지 않습니다. 금융자산 투자 시 우선 고려 사항은 '안전성' 67.5%, '수익성' 19.3%, '현금화 가능성' 7.4%, '접근성(이용의 편리성)' 5.7% 순입니다.

소득이 증가하거나 여유자금이 생기면 부동산에 투자할 의사가 있는 가구주는 전년 대비 5.3%p 감소한 52.7%로 나타났으며 부동산 투자 의사가 있는 가구주의 주된 투자 목적은 '내 집 마련'이 35.7%로 가장 많고, '가치 상승' 19.4%, '임대수입' 17.4% 등의 순이고, 부동산 투자 시 가장 선호하는 운용 방법은 '아파트' 61.2%, '비주거용 건물(상가, 오피스텔 등)' 17.6%, '단독주택(다가구주택 포함)' 8.9%, '토지(논밭, 임야 등)' 7.7% 등의 순입니다.

2022년 가구의 평균 소득은 6,762만 원으로 2021년 6,470만 원에 비해 4.5% 증가하였으며, 가구소득 중 근로소득은 4,390만 원이고 사업소득은 1,206만 원입니다. 가구주가 39세 이하인 가구는 3~5천만 원 미만에서의 가구 비율(25.5%)이 가장 높고, 40대(27.9%)와 50대(30.5%) 가구는 1억 원 이상에서 가장 높으며, 60세 이상인 가구는 1~3천만 원 미만(34.1%)에서 가장 높습니다. 가구주가 상용근로자인 가구는 1억 원 이상에서의 가구 비율(29.8%)이 가장 높고, 임시·일용 근로자 가구는 1~3천만 원 미만(41.8%)에서 가장 높으며, 자영업자인 가구는 3~5천만 원 미만(23.3%)에서의 가구 비율이 가장 높다는 특징이 있습니다.

가구특성 및 가구소득 구간별 가구분포

(단위: %, %p)

구 분		전체	1천만원 미만	1-3천만원 미만	3-5천만원 미만
2021년 전체		100.0	5.8	22.8	20.4
2022년 전체		100.0	5.2	21.6	19.8
가구주 연령대	39세 이하	100.0	1.9	17.7	25.5
	40-49세	100.0	1.7	10.0	18.0
	50-59세	100.0	2.7	13.8	16.9
	60세 이상	100.0	10.1	34.1	19.8
가구주 종사상 지 위	상용근로자	100.0	0.6	9.2	19.0
	일용근로자	100.0	5.9	41.8	22.9
	자영업자	100.0	0.9	15.6	23.3
	기타(무직)	100.0	19.2	43.3	16.1

구 분		전체	5-7천만원 미만	7-10천만원 미만	1억원 이상
2021년 전체		100.0	16.3	16.6	18.0
2022년 전체		100.0	16.4	17.0	20.0
가구주 연령대	39세 이하	100.0	19.4	18.9	16.6
	40-49세	100.0	19.7	22.8	27.9
	50-59세	100.0	16.2	19.9	30.5
	60세 이상	100.0	13.5	11.4	11.1
가구주 종사상 지 위	상용근로자	100.0	19.1	22.3	29.8
	일용근로자	100.0	12.9	10.5	6.0
	자영업자	100.0	20.2	19.7	20.3
	기타(무직)	100.0	8.7	6.4	6.3

출처: 2023년 가계금융복지조사 결과, 통계청

우리나라 부자의 평균 자산은

KB금융지주 경영연구소에서 발간한 2023 한국 부자 보고서를 보면 한국의 부자는 2023년 45만 6천 명이라고 합니다. 여기서 이야기하는 부자의 기준은 금융자산 10억 원 이상을 보유한 개인을 말합니다. 우리나라 전체인구의 0.89%입니다. 2023년 한국 부자가 보유한 총금융자산(2,747조 원)은 한국 전체 가계의 총금융자산 규모인 4,652조 원의 59.0%에 해당됩니다.

'부자'의 사전적 정의는 '재물이 많아 살림이 넉넉한 사람'입니다. 금융자산을 10억 원 이상 보유한 한국 부자들이 생각하는 넉넉한 자산의 기준은 금융과 부동산 등 모든 자산을 포함한 '총자산'이 '100억 원 이상'은 되어야 '부자'라고 생각하고 있었습니다. 2020년 '총자산 70억 원'이던 부자의 기준은 유동성 증가 및 자산가격 상승 영향으로 2021년 '총자산 100억 원'으로 높아졌으며, 이후 2023년까지 3년 연속 '100억 원'을 유지하고 있습니다.

부자들이 현재의 자산을 축적하는 데 가장 기여도가 큰 원천은 '사업소득'(31.0%)이며 스스로 자산을 축적하는 수단으로 '사업소득'(31.0%)이 '근로소득'(11.3%)에 비해 3배 정도 많았고, 축적된 자산을 불리는 수단으로 '부동산투자'(24.5%)가 '금융투자'(13.3%)에 비해 2배 정도로 높게 나타났습니다. 그 외에도 상속·증여 등으로 부자가 된 경우도 20%로 여전히 큰 비중을 차지합니다. 이러한 결과는 부모가 부자든지 아니면 사업을 하는 편이 부자가 될 가능성이 크다는 것을 보여 줍니다.

부자들이 활용한 부의 성장동력을 살펴보면 가구의 소득에서 지출을 뺀 소득잉여자금이 연간 8,825만 원 규모로 종잣돈 역할을 했고, 총자산이 많을수록 더 적극적으로 부채를 활용하는 레버리지 투자를 했다는 점입니다. 특히 부자들은 자산배분전략으로 총자산이 많을수록 금융에서 부동산으로 자산이 이동했습니다. 특이한 점은 부자들도 목표금액을 세워 지속적인 부의 증가를 위해 노력한다는 점입니다.

불안한 노후 준비

노후생활에 대한 통계입니다. 2023년 3월 말 기준 가구주의 예상 은퇴 연령은 68.1세, 실제 은퇴 연령은 62.7세입니다. 가구주가 은퇴하지 않은 가구는 83%입니다. 은퇴 후 가구주와 배우자의 월평균 적정생활비는 324만 원 정도이며, 가구주와 배우자의 노후를 위한 준비 상황이 '잘 되어 있는 가구' 7.9%, '잘 되어 있지 않은 가구' 53.8%로 나타났습니다. 요약하면 월 생활비 324만 원 정도를 준비하지 못하는 노후 가구가 전체의 반 이상이니 노인복지 차원에서는 매우 큰 문제로 부각될 수 있습니다.

가구주가 은퇴한 가구는 17.0%이며, 실제 은퇴 연령은 62.7세로 나타납니다. 가구주와 배우자의 생활비 충당 정도가 '여유 있는 가구'는 10.5%, '부족한 가구'는 58.4%입니다. 은퇴한 가구주와 배우자의 생활비 마련 방법은 '공적 수혜금'(30.9%), '공적연금'(30.8%), '가족수입 및 자녀 등의 용돈'(25.4%) 순입니다. 공적 이전소득은 공적연금, 기초연금, 사회수혜금, 재난지원금 등을 말합니다.

가구의 소득 대비 지출에서 특이한 점은 비소비 지출액이 매년 지속적으로 증가하고 있다는 것입니다. 2022년 기준 가구당 비소비 지출액 평균은 1,280만 원이나 됩니다. 전년보다 8.1% 상승했습니다. 이러한 비소비 지출액의 증가는 가구의 실질적인 처분가능소득을 줄이기 때문에 소득만 올라서 세금만 더 내는 꼴이 됩니다. 문제는 향후 세금과 이자 비용 등 비소비 지출의 구성항목 중 금액을 감소시킬 수 있는 여지가 없다는 것입니다.

가구의 경제 상황

출처: 2023년 가계금융복지조사 결과_주요 지표

경제 논리를 공부해라

한정적인 수입으로 재산을 늘리기 위해서 가장 먼저 권고하고 싶은 분야는 바로 한국은행에 대한 이해입니다. 여러분들은 한국은행 홈페이지를 들어가 본 적이 있는지요? 물론 대학에서 경제학이나 경영학을 전공하였거나 다양한 서적과 영상을 통해서 공부를 해 온 분도 있겠지만 재산을 불리는 그물을 만들기 위해서는 적어도 한국은행 홈페이지의 주요 메뉴에 대한 이해와 공부가 선행되어야 한다고 생각합니다.

항목별로 자세히 설명을 할 수는 없지만 한국은행의 통화정책 목표와 방향 그리고 물가안정 목표제와 한국은행 기준금리에 대해 알아야 합니다. 금리는 쉽게 돈의 가치입니다. 일반적으로 '물가상승율 + 경제성장율'입니다. 이러한 수치를 해석할 수 있게 되면 금리예측도 가능해지고 주식이나 채권, 부동산 등 투자를 어떻게 할지 방향을 정할 수 있습니다.

외환시장과 외환제도에 대한 이해도 필요합니다. 최근 일본 엔화가 싸서 엔화 투자를 한다든지, 외환보유액 추이에 따른 환율변화 그리고 이로 인한 무역거래대금 결제 시의 환차익이나 환손실로 손익을 보는 투자기업 분석 등에도 매우 유용한 지표로 활용됩니다. 한국은행에서는 국내총생산(Gross Domestic Product, GDP) 성장률, 국민총소득(Gross National Income, GNI)을 발표하고 있습니다. 이외에도 경기판단지표, 기업경영분석지표, 통화지표, 금리지표, 물가지수, 국제수지표, 무역지수 등을 발표하고 있습니다.

한국은행에서는 연차보고서, 통화신용정책보고서, 금융안정보고서, 경제전망보고서, 지급결제보고서, 지역경제보고서 등 정기적인 조사연구자료를 발간하고 있으며 유튜브 패널이나 금융기관 애널리스트들이 나와서 말하는 논조의 근거는 대부분 한국은행 자료에 기반하고 있습니다.

결론적으로 이러한 경제의 논리를 공부하지 않으면 자산관리는 어려울 수밖에 없으며 믿을 수 있는 제3자에게 맡겨야 합니다. 다만 미국의 공인재무설계사(CFP)와 같이 유상의 자산관리 서비스를 해 주는 직업군이 우리나라에는 정착되어 있지 않고 금융기관 내 임직원들이 그 역할을 대행해 주고 있다고 생각하면 됩니다. 다만 서비스에 따른 대가가 없거나 적으니 독립적이고 객관적인 양질의 서비스를 받기는 어려운 것입니다.

이러한 기본적인 경제이론을 배경으로 다음은 정부지원프로그램의 적극적인 활용을 할 줄 알아야 합니다. 정부와 지자체는 그때그때의 상황에 맞는 다양한 정책지원사업을 시행합니다. 본인이 대상이 되는지, 적어도 그러한 정보를 모르고 있지는 않도록 정보채널에 자신을 노출시켜 놓아야만 합니다. 예를 들어 2024년 청년지원제도를 소개하겠습니다.

1. 청년 주택 드림 청약통장
2. 청년 내일 저축 계좌
3. 청년 도약 계좌
4. 청년 주택 드림 대출
5. 빈 일자리 취업 장려금

이외에도 2024 청년생활지원제도로 대중교통 요금 할인 K-PASS가 있고 기술자격시험 50% 응시료 할인, 군인 급여 지원 확대, 국민취업 지원제도, 무주택청년월세지원 등이 있습니다. 지원제도를 살펴보면 크게 창업과 취업을 포함한 일자리, 금융 관련 이자에 대한 우대, 주택 임대와 구입 등에 관한 특례 등이 핵심 지원사항입니다. 다만 이러한 제도 대부분은 그 대상이 한정되어 있고 요건도 까다로와서 젊은 세대 모두가 누릴 수 없다는 단점은 있습니다.

영원히 보유할 수 있는 주식에 투자하라

주식이나 채권 등 유가증권 투자에 대해 세계적인 투자가들의 원칙을 살펴보겠습니다. 먼저 주식투자의 현인으로 불리는 워런 버핏(Warren Buffett)입니다. 워런 버핏은 버크셔 해서웨이(Berkshire Hathaway)의 CEO로, 세계에서 가장 성공적인 투자자 중 한 명으로 꼽힙니다. 버핏은 가치 투자의 원칙을 따르는 것으로 유명하며, 장기적인 관점에서 기업의 본질적 가치를 평가해 투자하는 전략을 선호합니다. 버핏은 자신이 이해하는 비즈니스에만 투자하는 것을 강조합니다. 그는 복잡한 비즈니스모델이나 자신이 충분히 이해하지 못하는 산업의 회사들은 피합니다. 또한 단기적인 시장 변동에 휘둘리지 않고, 장기적인 관점에서 투자할 가치가 있는 기업을 찾습니다. 그는 종종 "영원히 보유할 수 있는 주식에 투자하라"고 조언합니다.

벤저민 그레이엄(Benjamin Graham)은 투자자가 모든 자산을 한 종목에 집중하지 않고 여러 종목에 분산 투자함으로써 위험을 줄일 것을 권장합니다. 기업의 재무제표를 분석하여 투자 결정을 내리는 것이 중요하다고 강조합니다. 이는 기업의 실질적인 가치를 이해하는 데 도움을 줍니다.

피터 린치(Peter Lynch)는 자신이 이해하고, 경험하고, 알고 있는 비즈니스에 투자할 것을 권장합니다. 이는 투자자가 기업의 장기적인 성장 가능성을 더 잘 판단할 수 있게 해 줍니다. 시장의 상승과 하락을 예측하려는 시도는 종종 실패로 끝난다고 지적합니다. 대신, 좋은 기업에 장기 투자하는 것이 더 중요하다고 강조합니다.

레이 달리오는 브리지워터 어소시에이츠의 창립자이며, 이 펀드는 세계에서 가장 큰 헤지펀드 중 하나로 알려져 있습니다. 브리지워터는 다양한 경제 조건에서도 수익을 낼 수 있는 투자 전략인 '리스크 패리티'와 '알파 전략'을 사용하여 유명해졌습니다. 달리오는 시장의 변동성과 경제의 주기를 이해하는 것이 중요하다고 강조하며, 이를 바탕으로 경제상황이 어떻게 변해도 흔들리지 않는 균형 잡힌 포트폴리오를 갖춰야 한다고 합니다. 그의 저서 "원칙(Principles)"은 많은 투자자들 사이에서 인기가 있습니다.

지금까지 개인의 경제적 자유를 축적하는 자산관리의 핵심내용으로 부동산, 특히 내 집 마련의 중요성과 정부지원제도의 활용, 유가증권 투자에 대한 세계적인 전문가의 투자원칙과 철학에 대해 살펴보았습니다. 이러한 내용을 배경으로 제가 강조하고 싶은 자산관리의 구체적 방법론을 제시해 보면 다음과 같습니다.

먼저 현실적으로 종잣돈을 모아야 합니다. 주택을 구입하든, 주식 투자나 비트코인 투자를 하든 어느 정도의 목돈이 필요합니다. 개인에 따라 생각할 수 있는 종잣돈의 크기는 다양할 것입니다. 우선 1천만 원이라는 종잣돈을 만든다고 가정해 보겠습니다. 종잣돈을 만들기 위해서는 개인의 수입과 지출에 대한 분석이 필수입니다. 이는 뒤에서 언급할 로버트 기요사키의 저서 《부자 아빠 가난한 아빠》 도서를 읽어 보길 권합니다.

종잣돈을 만드는 방법

1년에 1천만 원을 모은다고 가정 시 월평균 83만 원 정도 저축을 해야 합니다. 자신이 벌어들인 소득에서 지출을 공제하고 나머지 금액이 83만 원 이상이라면 저축을 통하여 이 목표를 달성할 수 있습니다. 그렇지 않다면 어떤 방법이 있을까요? 우선 소득을 늘려야 합니다. 소득은 근로소득과 사업소득, 사업 외 소득으로 구분할 수 있습니다. 근로자라면 근로소득이 있을 것이고 추가 소득원은 사업을 통한 소득 창출을 해야 합니다. 부업을 해야 한다는 의미입니다. 다른 방법은 지출을 줄이는 것입니다. 최소한의 지출이 가능하도록 고정경비를 줄이는 것이 우선입니다. 식대와 교통비, 월세와 스마트폰 월 납부액 등 전체 지출경비 중 과감한 감액 결단을 내려야 할 것입니다.

청년내일채움공제 제도를 통해서 보다 적은 금액으로 3천만 원 정도의 목돈을 만드는 방법도 있습니다. 정보를 알고 활용해야 합니다. 대상자라면 바로 이러한 제도에 가입해서 적극적인 목돈을 만들 필요가 있습니다. 이렇게 노력해서 3천만 원을 모았다고 합시다. 여러분들은 이 돈을 투자해서 불리고 싶다면 어떤 방법을 선택하시겠습니까? 개인적으로 직접 투자를 하는 방법과 기관 투자가를 통한 간접투자를 하는 방법이 있습니다. 일반적인 경제상황에서는 개인투자를 피하고 기관 투자가를 활용할 것을 권고합니다.

자신의 투자성향을 먼저 파악하기 바랍니다. 공격형인지 안정형인지에 따라 포트폴리오는 다를 수밖에 없습니다. 나이와 결혼 여부 그리고 자산의 규모에 따라 투자성향은 변경될 수 있습니다. 그리고 주변의 제반 상황도 투자에 영향을 미칩니다. "계란을 한 바구니에 담지 마라"는 투자와 관련된 유명한 격언으로, 투자 포트폴리오를 다양화

함으로써 위험을 분산시키라는 의미를 담고 있습니다. 투자자가 자신의 모든 자본을 단일 투자처에 집중하는 대신, 여러 자산 클래스(예: 주식, 채권, 부동산 등)에 걸쳐 자본을 분산시켜야 한다는 원칙을 강조합니다. 이렇게 함으로써, 특정 투자가 부진하거나 손실을 입더라도 전체 포트폴리오에 미치는 영향을 줄이고, 장기적으로 더 안정적인 수익을 추구할 수 있습니다.

60대인 저는 투자종목으로 국내 교통인프라에 투자를 하고 있는 외국계 펀드회사 주식을 현재 매월 적립식으로 사고 있습니다. 또한 IRP 개인퇴직연금 운용을 직접 하고 있는데 주 대상 종목은 매월 배당받는 ETF 투자입니다. 주식처럼 사고팔 수 있어서 운용 편리성이 뛰어납니다. 투자자 성향에 따라서 당연히 선호펀드나 ETF가 달라질 수 있고 개인적으로는 우리나라와 미국의 월별 배당이 나오는 배당투자형 ETF를 추천합니다.

그러나 특정 시점에서 경제위기 상황이 오면 모든 포트폴리오를 점검하고 기회를 잡는 과감한 개인투자로 전환할 것입니다. 인생에는 세 번의 기회가 온다라는 속설이 있습니다만 분명히 세 번 이상의 투자기회가 오는 것은 확실합니다. 또한 누구에게나 공평하게 옵니다. 경제적 자유를 누리기 위해서 여러분들은 이 기회를 적극 활용하여야 합니다. 아직 저에게도 기회는 남아 있고 그 기회를 즐길 수 있기를 희망합니다.

투자 기회는 계속 온다, 리듬이 중요하다

그렇다면 기회가 왔을 때 투자는 언제 어떤 방법으로 하는 것이 좋을까요?

통계적으로 어느 정도 일치합니다만 우리나라는 5년 주기로 유가 증권시장이 부침을 해 오고 있습니다. 이는 충분히 싸게 살 기회를 5년에 한 번은 준다는 것입니다. 10년 주기로 세계적인 위기가 지구촌을 에워싸서 자산가격의 폭락을 경험하는 기회를 여러분들에게 줍니다. 얼마 전 전 세계에 코로나 바이러스가 확산되고 갑자기 사망자가 속출하면서 자산가격이 폭락한 것을 떠올리면 쉽게 이해가 갈 겁니다. 이 기회를 소중하게 이용해야 합니다. 싸게 산다는 것은 매우 중요한 승자의 법칙입니다. 그러면 5년 단위, 10년 단위로 투자를 하면 됩니다.

개인투자자가 매일같이 다양한 종목을 주식매매하는 방법으로는 부를 축적하기 보다 잃을 확률이 더 높습니다. 평소에는 기관 투자가의 상품을 이용하고 열심히 일해서 직장이나 사업에서 인정을 받고 소득을 올리시기 바랍니다. 그러나 5년 단위, 10년 단위 기회가 오면 과감히 투자결정을 내리기 바랍니다. 그동안 모아놓은 적립식 예금이나 투자, 또는 간접투자 금융상품을 정리하고 경우에 따라서는 적정 수준의 대출까지 받아서 다들 이러다 나라 망하는 것 아니냐 하는 시점에 과감한 투자를 하기 바랍니다. 평상시에 배우자와 이러한 투자

원칙에 깊은 공감대를 형성해 놓아야 합니다. 투자 관점에서 보면 많은 사람들이 불행할 때 역사는 오히려 기회였다는 사실을 증명해 주고 있습니다. 우리나라를 대표하는 기업이나 미국의 다우존스, 나스닥 대표기업 중에서 하락 폭이 큰 종목을 골라 투자 후 인내심을 가지고 기다리면 충분한 수익률을 올리실 수 있습니다. 금리하락 초기에는 주식보다 채권투자가 더욱 매력적이란 점도 강조하고 싶습니다.

비트코인 등 코인 투자는 하는 것이 좋을까요? 안 해야 하는 건가요?

세계적인 투자전문가들조차 의견은 나뉩니다만 아직 대부분은 코인 투자의 제도권 편입에 긍정적이지는 않은 것 같습니다. 자신이 잘 알지 못하는 분야에는 투자하지 않는다라든지, 비즈니스모델이 복잡한 기업에는 투자하지 않는다는 원칙이 세계적인 투자전문가의 투자원칙으로 중복되어 나타나는 것을 보면 코인에 대해 잘 모르는 분들은 아예 하지 않는 것이 좋겠다 정도로 정리하겠습니다. 비트코인 또한 전문성을 가지고 투자에 적극적으로 임해야 한다는 의견에도 공감합니다. 다만 비트코인 외에도 금이나 외환, 미술품 등 투자수단은 다양합니다. 일반 투자자가 이 모든 것을 전문적으로 이해하고 투자할 필요는 없다고 생각합니다. 특히 남들이 해서 돈을 벌었다는 소문이 내 귀에 들어온다면 그때가 소위 상투를 잡을 확률이 높습니다.

모든 투자는 팔았을 때 비로소 자기 것이 됩니다. 파는 것이야말로 매우 중요합니다. 예술의 경지라고 비유할 수 있을 정도로 매우 어려운 사항입니다. 투자 격언 중 '무릎에 사서 어깨에서 팔아라'라는 말이 있습니다. 그만큼 바닥이나 꼭지에서 사거나 팔기가 쉽지 않다는 반증이기도 합니다. 욕심을 버려야 합니다. 적정 목표 수익이 생기면 미련 없이 팔고 나와야 합니다. 때로는 그 시기를 놓쳐 오랜 시간 고통을 받는 분들도 많습니다. 잘 팔아야 합니다. 통장에 들어온 돈이 비로소 내 자산입니다.

더 이상 돈을 위해 일하지 말고 돈이 나를 위해 일하게 하라

경제적 자유와 관련하여 저에게 가장 큰 영향을 준 2권의 책이 있습니다.

먼저 1997년에 출판되어 전 세계적으로 인기를 얻은 로버트 기요사키의 《부자아빠 가난한 아빠》입니다. 제가 프라이빗뱅킹팀장으로 근무할 시점에 나온 책으로 이 책을 읽고 많은 충격을 받았던 기억이 납니다. 《부자아빠 가난한 아빠》는 로버트 기요사키의 두 아버지, 즉 자신의 친아버지(가난한 아빠)와 친구의 아버지(부자 아빠)로부터 배운 재정 교훈을 비교하며 이야기합니다. 가난한 아빠는 전통적인 교육을 강조하며 안정적인 직업을 통해 생계를 유지하는 것을 중요시했고, 부자 아빠는 재정 교육과 투자를 통해 경제적 자유를 달성하는 것을 강조했습니다.

로버트 기요사키는 자산은 당신을 위해 일하며 돈을 벌어다 주는 것이고, 부채는 당신이 일해서 돈을 지불해야 하는 것이라고 정의합니다. 그는 사람들이 자산을 늘리고 부채를 줄이는 방향으로 재정 계획을 세울 것을 권장합니다. 자산은 여러분에게 돈을 가져다주는 항목입니다. 예를 들어, 임대수입을 생성하는 부동산, 주식에서 오는 배당금, 사업에서의 이익 등이 자산에 해당합니다. 부채는 여러분의 돈을 소모하는 항목입니다. 고급 자동차의 할부금, 신용카드 빚, 주택 대출 등이 부채의 예입니다. 기요사키는 개인이 진정한 재정적 자유를 얻기 위해서는 자신의 자산을 늘리고 부채를 줄여야 한다고 강조합니다.

단순히 직업에서 오는 수입에 의존하지 말고, 투자를 통해 추가적인 수입원을 창출하라는 조언을 합니다. 전통적인 학교 교육이 재정 관리와 투자에 대해 가르치지 않는다는 점을 지적하며, 개인이 스스로 재정 교육을 추구해야 한다고 강조합니다. 전통적인 교육과 사회는 안정적인 직업을 얻고, 열심히 일해서 돈을 벌라고 가르치나 기요사키는 이러한 관점을 뒤집고, 대신 돈이 여러분을 위해 일하게 만드는 방법을 모색하라고 조언합니다. 이는 투자, 사업, 부동산 등을 통해 가능합니다. 마지막으로 재정적 지능이란 돈을 관리하고, 투자하며, 보호하는 능력을 말하며 이러한 능력은 경험, 교육, 실수로부터 배우고 개발될 수 있다는 점을 강조합니다.

다 쓰고 죽어라

1990년대 후반 비슷한 시기에 현재까지 저의 재무설계와 삶의 방향에 가장 큰 영향을 미친 도서는 바로 《Die Broke, 다 쓰고 죽어라》입니다. 제가 기존에 가지고 있던 모든 고정관념을 송두리째 바꿔 놓은 책입니다. 《Die Broke》는 스티븐 폴란(Stephen Pollan)과 마크 레인(Mark Levine)이 공동으로 저술한 책으로, 전통적인 재정 관리 및 은퇴 계획에 관한 규범에 도전하는 독특한 관점을 제공합니다.

《Die Broke》는 다음과 같은 네 가지 주요 원칙에 초점을 맞춥니다.

Quit Today: 많은 사람들은 안정적인 직업을 얻고, 오랜 기간 동안 근무한 뒤 은퇴하는 것을 목표로 삼습니다. 그러나 "Quit Today: 오늘 그만두어라"는 이러한 전통적인 경로를 거부하고, 대신 자신이 진정으로 열정을 느끼는 일에 더 집중할 것을 권장합니다. 평생을 하나의 직업에 머무르는 대신, 여러 직업을 경험하고 다양한 업무에 참여하는 것을 지지합니다. 이는 개인이 자신의 열정을 따르고, 삶의 다양한 단계에서 다양한 기회를 탐색할 수 있도록 장려합니다.

Pay Cash: "현금 지불"은 빚을 지지 않고 생활하는 것을 강조합니다. 이 원칙은 개인이 재정적으로 독립적이 되도록 장려하며, 신용카드 빚이나 대출과 같은 금융 부채에 의존하지 않는 생활을 권장합니다.

Don't Retire: "은퇴하지 마라"는 전통적인 은퇴 생활 대신 계속해서 활동적으로 일하는 삶을 지향합니다. 이는 일이 개인의 정체성과 삶의 만족도에 중요한 역할을 한다고 보는 관점에서 비롯됩니다. 새로운 기술을 배우고, 다양한 업무 경험을 쌓음으로써 개인은 시대의 변화에 능동적으로 대응하고, 장기적인 경력 발전을 모색할 수 있습니다. 진정으로 가치 있고 의미 있는 일을 찾아 그 일에 몰두함으로써, 일로부터 얻는 만족감과 행복을 극대화할 수 있습니다.

Die Broke: "가진 것 없이 죽어라"는 모든 자산을 생전에 사용하라는 의미로, 자녀에게 많은 유산을 남기기보다는 자신의 삶을 최대한 풍요롭게 살라는 메시지를 담고 있습니다. 이 원칙은 자녀에게 유산을 남기는 것보다 생전 가족과의 추억 만들기가 보다 소중하다고 강조합니다. 개인이 자신의 자산을 자신의 삶과 행복을 극대화하기 위해 사용할 것을 권장합니다. 나는 이 원칙을 지지하고 그렇게 노력하고 있습니다.

이 책은 재정적 안정성과 행복을 추구하는 독자들에게, 자신의 돈을 현명하게 관리하고 사용하는 방법에 대해 새로운 관점을 제공합니다. 《Die Broke》는 돈을 모으고 유산을 남기는 전통적인 관념에서 벗어나, 현재의 삶을 최대한 즐기면서 재정적으로 현명한 결정을 내리는 것의 중요성을 강조합니다.

14

자녀 리스크 관리

큰딸은 시집을 가서 이제 손녀가 8살, 초등학교에 다닙니다. 아들도 장가를 가서 올해 첫 손주가 태어납니다. 자녀가 성장을 해서 결혼을 하고 독립된 가정을 이루는 모습을 바라보는 것은 매우 다행이고 한편으로는 고맙다는 생각을 갖게 합니다. 예전에는 당연한 것들이 지금 세대들에게는 매우 어려운 선택이 되어 버린 세태가 야속할 뿐입니다.

부영그룹 이중근 회장이 2024년 2월, 직원 출산 자녀 1인당 1억 원씩, 총 70명에게 파격적인 장려금을 지급한 뉴스가 국민들에게 크게 회자되었고, 그가 출산 장려금 1억 원에 세금만 4,000만 원을 떼일 수 있다는 문제를 지적하자 대통령이 세제 정책 수정을 지시할 만큼 큰 반향이 일었습니다. 정부의 적극적인 출산 증가 정책에 기업이 적극적으로 발을 맞춘 좋은 사례가 되었습니다.

아이 1명 키우는 데 얼마나 들까? 임신부터 아이가 성인이 되어 독립할 때까지 드는 1명당 비용을 양육비 계산기라는 사이트를 통하여 대략 산출해 보니 6억 원이 넘게 나온다고 합니다. 이 중 임신부터 유치원 졸업까지 비용이 대략 1억 원으로 나옵니다. 20대 대통령 후보 허경영의 대선 공약에서 출산 시 5,000만 원, 육아수당 1명당 10년간 1억 2천만 원 등 전형적인 포퓰리즘 공약으로 치부했던 내용이 현실화되고 있는 점은 다소 놀랍기도 합니다.

최근 방송에 자주 나오는 육아멘토 오은영 박사의 인기가 대단합니다. 육아와 관련하여 많은 부모들에게 상담을 통하여 솔루션을 제시해 주고 있는 점은 매우 칭찬받을 만하다고 생각합니다. 반면에 이는 출산 후 부모의 육아가 얼마나 많은 어려움이 있는지도 깨닫게 합니다. 우리가 자라 온 세태와 지금의 젊은 부부가 아이를 키우는 문화, 1명을 낳아 금쪽같은 내 새끼로 키우는 모습을 비교하면 현대의 부모와 아이들이 얼마나 많은 고민 속에 살아가는지 알게 됩니다.

오은영 박사가 각 가정과 개인에 초점을 맞춰 문제점을 찾아내고 솔루션을 제시하는 동안, 자녀 세대를 괴물로 만들고 있는 우리 사회의 고질적인 문제들, 예컨대 승자독식 사회, 학력중시 사회, 교육의 양극화, 무너진 공교육 등은 수면 아래로 숨어 버리고 오은영 박사의 개인적 처방에 감탄하는 사이, 사회 공동체가 함께 노력을 기울여야만 하는 구조적 문제들은 교묘하게 은폐되고 있다고 BC에이전시 대표 홍순철 북칼럼니스트는 지적합니다.

보육의 목표는 자녀의 독립

오은영 박사는 방송에서 보육의 목표는 아이의 독립이라고 합니다. 독립이 되기 위해서는 성인으로서 경제적 능력을 갖추는 것이 필수요건입니다. 이후에 혼자 생활을 하든, 결혼을 해서 가정을 이루든 그것은 개인의 선택 영역입니다.

통계청에서 발표한 '국민 삶의 질 2023' 보고서에 따르면 '23년 고용률은 62.6%로 전년대비 0.5%p 증가하여, '20년 이후 지속적인 증가 추세를 보이고 있습니다. 대학졸업자 취업률 '20년에 65.1%로 '19년보다 2.0%p 감소하였으나, '21년 67.7%, '22년 69.6%로 증가하여 코로나19 이전보다 높은 수치를 보이고 있으며 여자는 '22년 68.2%로 '20년보다 5.1%p 증가하여 동기간 남자, +4.1%p보다 높습니다. 이런 통계적 수치의 이면을 살펴보면 우리 주변에는 취업을 하지 못한 자녀 또는 친구들이 30~40%가 있다는 의미이기도 합니다.

엘리베이터 TV운영사 포커스미디어코리아에서 아파트 입주민의 라이프 스타일을 연구한 '트렌드 리포트: 캥거루족' 발표 자료를 보면 아파트에서 부모와 함께 사는 25~39세 캥거루족 10명 중 7명은 결혼 전까지 독립 계획이 없다고 합니다. 독립하지 않는 이유는 부모님에게 의식주 편의 받으며 불편함 없이 생활해 독립 동기가 크지 않다는 것입니다. 한편, 캥거루족 자녀들이 생활비 부담을 줄인 만큼 자신을 위한 여행이나 쇼핑 등 소비에는 적극적이라고 하니 캥거루족과 같이 사는 부모 입장에서는 역으로 안정적인 노후생활의 걸림돌인 것입니다.

　베이비붐 세대의 60세 전후 모습은 그야말로 천태만상입니다. 예전에는 회갑이 되면 큰 잔치를 했던 시대가 있었습니다. 불과 30년 전 아버지 회갑연에서 무명가수를 부르고 사회자와 밴드가 오고 집안 친지와 부모님 친구분들을 다 모시고 연회장을 빌려 한바탕 잔치를 벌였습니다. 부모님을 등에 업고 연회장을 다니기도 하고 자식들 모두 부모님의 사랑에 보답하는 트로트도 한 곡조씩 불렀습니다. 오신 분들 자리가 부족하여 인근 식당을 급하게 빌려서 식사라도 드시게 한 기억이 엊그제입니다.

　지금 친구들은 자신이 회갑임에도 예전의 잔치는커녕 생일상 받기도 기분이 안 난다고 합니다. 이유는 자녀들이 취업을 못했거나 출가를 하지 않은 집안이 대다수이기 때문입니다. 이런 세태를 반영하여 친구들이 모여서 친구 회갑 축하를 해 주는 동병상련 파티를 하고 있습니다. 개인별로 가족이 모여서 생일파티는 해 주겠지만 자신이 부모님에게 했던 상황과는 너무 다른 입장인지라 쓸쓸함이 큽니다.

　우리 부부는 동년배입니다. 그러니 회갑모임도 딸과 사위, 아들과 며느리 그리고 손녀랑 같이 한 번에 하였습니다. 상대적으로 이런 자리를 한다는 것이 너무 큰 축복입니다. 예전에는 당연한 자리가 황송한 자리가 되었습니다. 지금 아들과 딸이 제 나이가 되면 이해를 하겠지만 손주들도 독립과 결혼은 가급적 빨리해 주면 좋겠습니다.

2년 전 우리 부부가 회갑이었을 때 동생 부부들이 함께 제주도 여행을 기획하여 다녀왔습니다. 막냇동생이 일정을 짜고 처음으로 3남매 부부여행을 하였는데 제 삶에서 매우 행복한 추억여행이었습니다. 특히 동생들이 제주도 횟집에서 저녁식사를 하고 회갑 축하 봉투를 저희에게 주면서 진심으로 축하를 건넬 때는 내가 너무 복받은 사람이구나 울컥했습니다. 송길영 마인드마이너는 저서《시대예보: 핵개인의 시대》에서 〈효도의 종말, 나이 듦의 미래〉를 말하고 있습니다만 저는 가족, 형제자매와의 화합과 사랑은 영원할 것으로 생각합니다.

부모의 행복한 결혼생활이 가장 좋은 교육

회사의 선배님들, 자주 만나는 친구들을 보면 아직까지 자녀가 결혼을 안 한 집안이 너무 많습니다. 한발 더 나아가 취업의 실패로 자녀 얘기를 안 하는 친구들도 많아서 제가 손주 자랑을 하려면 농담으로 밥값을 내고 하라고 합니다. 그나마 대학원을 다니는 자녀 이야기까지는 넘어간다고 해도 아예 독립이나 결혼을 안 하겠다고 선언하고 심지어 부모들조차 동의한 집안도 많아지고 있는 것이 지금의 현상입니다.

베이비붐 세대가 경제적 자유를 얻는 데 자녀의 독립과 결혼은 매우 유익합니다. 들어오는 수입은 뻔한데 경제적 독립을 못 하는 자녀를 두면 상대적으로 힘들 수밖에 없습니다. 자녀들이 대학 졸업 후 독립과 결혼을 자연스럽게 적정 나이에 할 수 있게 하는 비결은 무엇일까요? 많은 고민 끝에 내린 결론은 바로 아이들이 어릴 때부터 부모가 서로 사랑하는 모습을 자주 보여 주는 것이 으뜸이고 다음은 경제적으로 독립할 수 있도록 타고난 재능을 적극적으로 지원하는 것입니다.

통계개발원 '한국의 사회동향 2023' 보고서 중 청년들의 결혼과 출산에 대한 태도와 특징(한국보건사회연구원, 신윤정)에서 우리나라 20대와 30대의 결혼에 대한 태도는 점차 감소하고 있습니다. 다음 그림을 보면 결혼에 대해 긍정적으로 생각하는 20~30대 남성의 비중은 2008년 대략 70%대 수준으로 높았지만 점차 하락하여 2022년 현재 30대 남성 48.7%, 20대 남성 41.9%만 결혼에 대해서 긍정적으로 생각하고 있습니다.

20~30대 여성 중에서 결혼을 긍정적으로 생각하는 사람들의 비중도 감소하여 2008년 결혼에 대해서 긍정적으로 생각하는 20~30대 여성의 비중은 약 50%에 가까운 수준으로 나타났으나, 2022년 현재 30대 여성의 31.8% 그리고 20대 여성의 27.5%만이 결혼에 대해서 긍정적으로 생각하고 있습니다. 하락 폭은 20대 남성과 여성이 약 40%가 넘고 30대 남성과 여성은 약 30%가 넘어서 20대의 하락 폭이 더 큽니다. 성별로 비교해 보면 여성이 남성보다 결혼에 대해 긍정적으로 생각하는 비중이 낮고 하락의 폭도 더 컸습니다.

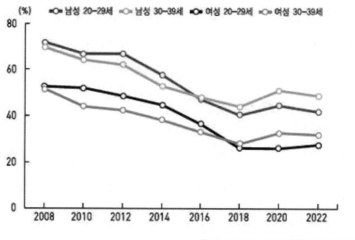

성별 20, 30대 청년들의 결혼에 대한 태도(2008~2022)

출처: 통계청, 한국의 사회동향 2023

물론 이러한 자녀 리스크는 자녀가 성인이 되어 결과를 돌이킬 수 없는 상황에 이르러서야 표면으로 드러나는 것이 큰 문제입니다. 취업을 하고도 결혼에 대한 생각이 없는 자녀들이 늘어나는 것도 큰 문제입니다. 비록 독립을 하거나 집에서 같이 살든 부모 입장에서는 걱정이 되는 것이 당연합니다. 혼자 사는 자녀를 이해하고 동의하는 부모가 늘어나고 있는 것도 지금의 트렌드라 생각하면 인구절벽의 우리나라 입장에서는 안타까움이 커집니다. 결과적으로 노후를 생각하면 결혼 후 가정을 이룬 젊었을 때부터 자녀에 대한 투자, 즉 사랑과 지원을 적극적으로 행할 필요가 있습니다. 그 결과는 확실히 유익합니다.

경제적 자유를 원한다면 경제학적으로 혼자 버는 것보다 둘이 버는 것이 더 유리합니다. 결혼과 출산에 대한 정부의 지원정책도 이제는 적극적인 지원으로 환경이 변화되고 있습니다. 집을 마련하고 아이를 키우는 어려움을 최소화하려고 과감한 지원책을 시행하고 있으니 결혼에 대해서도 긍정적으로 생각하면 좋겠습니다. 물론 결혼과 출산 문제가 단순히 경제적 지원으로 해결되지는 않겠습니다만 사회 전반적으로 문화의 전환점이 되길 바랍니다.

제주시 애월읍에는 유명한 어린이 쿠킹클래스 전문업체인 토토아뜰리에가 있습니다. 제주도 한 달 살기 중 이곳을 방문한 적이 있습니다. 토토아뜰리에는 토토하우스라는 키즈펜션도 같이 운영하고 있는데 가까이 살펴보니 펜션 입구에 조그만 팻말 위로 김영식세자녀출산지원재단이라고 적혀 있습니다. 검색해 보니 예전 제가 역삼동에서 자영업 하던 시절, 인근 지역에 천호식품이 있었는데 당시 사장님 이름이 김영식이었습니다. 건강식품 업계에서는 영업의 달인이라고 평판이 나 있는 분으로 부산에서 마라톤으로 서울역까지 뛴 스토리는 지금도 많은 분들이 기억하고 있습니다. 세자녀출산지원재단을 통하여 출산 가정에 기금을 전달하는 좋은 일을 하고 계셔서 기회가 되면 저도 적극 동참하고자 합니다.

아이들은 부모를 통해 세상을 배웁니다. 부모의 행복한 결혼생활은 자신의 자녀들에게 결혼에 대한 저항을 없애 주는 가장 큰 지혜로서 자녀 리스크를 줄일 수 있습니다. 자녀 셋 이상을 키우는 가구를 응원하기 위해서 저부터 숫자 25가 크게 쓰여 있는 티셔츠를 입고 다니겠습니다. 숫자 25는 부부가 결혼(2)하여 아이 셋을 낳아 키우는 세상(가족 수 합계: 5)을 만드는 캠페인을 상징합니다. 이들에 대한 지원이 나라를 살리는 길이기 때문입니다. 사회 전반적으로 아이를 낳아 잘 키우는 세상으로 회복되길 간절히 소망합니다.

15

은퇴 후의 삶

방송에 나오는 연세대학교 김형석 명예교수의 강연을 들으면서 1920년생, 올해 104세가 되신 분의 말씀이라고는 상상하기 힘든 논리와 철학에 대해 놀라게 됩니다. 그래서 나이가 들면서 가장 닮고 싶은 모델 1호로 제 핸드폰 메모장에 기록을 했습니다. 김 교수님은 연평균 130회 이상의 꾸준한 강연과 집필활동을 펼치고 있다고 합니다. 특히 건강을 관리하시는 비결도 궁금하여 유튜브에 있는 김 교수님과 가족의 일상생활이 담긴 기록영상도 여러 번 보았습니다.

김 교수님은 인생은 세 단계인데 30까지는 내가 나를 키워 가는 1단계로 일단 교육을 위한 단계이고. 이후부터 정년퇴직 65세쯤까지는 직장과 더불어 일하는 2단계, 이후 90까지는 사회를 위해서 일하는 마지막 3단계라고 하였습니다. 특히 인생을 사과나무에 비유하면서 그동안 사과나무를 잘 키웠으니 65세 이후에는 열매인 사과를 사회로 돌려야 할 시기라고 강조합니다.

나이가 들면 들수록 경계해야 될 것은 뭐가 있을까요 질문에 이렇게 답한 것이 오래 가슴에 남습니다. 육체는 누구나 다 똑같이 늙게 돼 있는데 정신이 늙는 건 언제냐 하고 물어보면 사람 따라 다 다르다. 내가 살아 보니까 신체가 고달프고 힘들어서 참 살기 어렵다 하는 건 95세부터 시작해요. 그때 되니까 요새는 아주 쉽게 표현하면 정신적인 내가, 신체적으로 늙은 나를 업고 다니는 것 같아요. 정서적으로 안 늙는 사람이 그래요. 계속해서 공부하는 사람, 독서와 예술을 계속하는 사람, 그다음에 사회적 관심을 가지는 사람은 계속 성장을 한다고 봐요. 이제 2단계에서 3단계로 진입하는 베이비붐 세대에게 현존하는 대한민국의 대표 철학자가 전하는 소중한 조언에 진심으로 감사를 드립니다.

제 메모장에 국민 대다수가 알고 계신 또 한 분이 계신데 바로 송해 선생님입니다. 1927년생으로 2022년 96세로 고인이 되셨습니다. 아직도 방송에서 음악과 함께 전국노래자랑을 외치시던 모습이 눈에 선합니다. 종로구 낙원동에 있는 송해 길, 비록 고향은 아니지만 대구시 달성군에 있는 송해공원 등을 보면 많은 분들의 사랑을 받았던 희극 배우이자 가수, 방송인이었습니다.

그는 생전 인터뷰에서, "나는 무대에서 시작해서 무대에서 죽을 사람이다. 다른 길로 가면 백 번 지게 되어 있다. 죽는 날까지 TV에 나오고, 전국노래자랑을 진행하겠다."라고 말한 적이 있습니다. 그의 마지막 TV 출연일이 2022년 5월 15일이었고, 24일 후인 6월 8일 세상을 떠났으니, 무대에서 죽겠다는 생전에 했던 약속을 지키고 세상을 떠난 셈이 되었습니다. 1988년부터 2022년까지 33년간 전국노래자랑의 MC를 한 기록은 한국방송계의 역사가 되었습니다.

제가 이사로 있던 한국한아름복지회에서 매년 도곡동 공원이나 인근 학교에서 김장봉사 또는 어르신 식사봉사를 했습니다. 한번은 도곡초등학교에서 행사를 하는데 나도 지역주민으로 도움이 되면 좋겠다고 송해 선생님이 기꺼이 와 주셔서 사회도 보시고 노래도 여러 곡 하시고 아주 큰 잔치가 되었던 기억이 납니다. 이렇게 돈을 안 받고 기회가 될 때마다 주위에 많은 봉사를 해 주신 은덕이 송해 선생님의 장수비결이지 않을까 생각합니다.

송해 선생님이 방송에서 본인의 장수비결을 소개한 적이 있는데 간략히 정리하면 소주를 즐겨 마시며, 담배를 피우지 않으며, 항상 새벽 냉온탕 목욕을 하고, 치아관리를 철저히 하고, 사람을 좋아하고 대화를 나누며 항상 연구하고, BMW(버스, 지하철, 걷기)로 항상 다니며, 우거지 된장국을 즐겨 먹고, 묽은 간장에 절인 마늘을 날마다 먹고, 하루에 30~40번 귀를 잡아당긴다고 하였습니다.

매일 걸으면서 사람들과 소탈하게 먹고 잘 어울리셨으니 스트레스가 적은, 그래서 웃는 모습만이 사람들에게 기억되는 노후의 멋진 모델을 보여 주신 분이라고 생각합니다.

정서적으로 늙지 않는 비결

이번에는 경영컨설턴트로서 만난 두 분의 시니어 스타트업 CEO를 소개해 보겠습니다. 두 분 다 한국관광공사의 창조관광 공모전을 통하여 사업에 선정되신 분들입니다. 당시 창조관광 담임교수로 업무를 수행하면서 오히려 제가 많이 배우고 느낀 두 분입니다.

먼저 안산에 노인들의 천국, 사회적기업 은빛둥지를 운영하셨던 라영수 원장입니다. 2014년 5월, 한국관광공사에서 공모한 창조관광 사업에 선정이 되어 담임교수인 저와 첫 만남에서 오히려 제가 삶의 멘토를 만나게 되었습니다. 이후 매월 안산에 은빛둥지를 찾아가 원장님이 대표로 계신 은빛둥지의 어르신들을 만나 설립 취지와 발전해 온 과정을 보면서 나도 나이가 들면 가장 우선적으로 이런 사업을 해야겠다고 다짐했었습니다.

경기도 안산시 상록구 본오동의 작은 마을회관 건물 2층. 포토샵을 배우기 위해 컴퓨터에서 눈을 떼지 못하는 수강생들은 모두 백발에 주름이 가득한 70~80대 어르신들입니다. 은빛둥지는 민간 자율로 운영되는 노인 컴퓨터 배움터로 수업료 없이 월 1만 원의 회비로 운영되며 강사는 대부분 노인 자원봉사자들입니다. 한번은 저와 같이 2층 교육장에서 아래층으로 내려갈 때 1층 마을 노인정에서 몇 분이 화투를 치고 있는 모습을 보면서 70세가 넘은 라 원장은 한 번도 노인정에 들어가 본 적이 없다고, 배움을 통해 좀 더 멋있게 노후를 보낼 수 있을 텐데 하는 안타까움을 보인 모습이 떠오릅니다.

은빛둥지는 이후 성장을 해서 포토샵반 외에도 홈페이지반, 엑셀반, 파워포인트반 그리고 초보과정인 '한글과 컴퓨터반'과 사진반, 영정사진 만들기를 배우는 '영정반'도 있습니다. 2001년 동사무소에 마련된 인터넷 부스에서 3~4명을 시작으로 현재까지 컴퓨터 교육을 받고 나간 사람은 10,000명, 인천, 수원시와 분당 신도시 등지에서 소문을 듣고 찾아온 노인들도 적지 않다고 하니 당시로서는 사회적경제 비즈니스모델로서 매우 탁월한 본보기였습니다.

라영수 원장은 은빛둥지의 경험을 통하여 은빛미디어라는 별도 조직을 만들어 지역 내 방송국 PD출신 노인들을 영입하여 영상 만들기와 인터넷 라디오방송 〈노인의 소리〉도 시작하였습니다. 지역 독립운동가 다큐를 만들어 안산 상록영화제에서 상을 받았다고 점심으로 돈가스를 사 주실 때 시니어 창업의 진수를 보게 되었습니다. 이러한 영상제작 노하우를 가지고 지역관광에 사진이나 영상을 자동으로 합성시켜 주는 스튜디오를 만들어 전국으로 확산하겠다는 사업계획을 한국관광공사에 제안했고 이 지원사업이 선정된 것입니다. 노인들은 아무리 멋있는 전경이 있더라도 돌아다니는 데는 한계가 있으니 지역관광명소에 도착하면 가까운 곳만 다니고 힘든 곳은 합성사진으로 지역관광 기념 영상을 만들어 주면 좋겠다, 특히 이러한 사진이나 영상을 지역 노인들이 협동조합 조직을 만들어 수행하면 일자리 창출도 되고 좋지 않겠느냐 하는 취지였습니다.

또 하나의 장점은 지역 노인들이 참여하다 보니 안산시장이나 지역 의원, 나아가 경기도에서도 은빛둥지가 어려운 점이 있다고 말하면 대부분 적극적으로 도와주신다고 합니다. 꼭 의도가 있는 것은 아니겠지만 이면에는 사회적 가치와 노인 표심을 가지고 있는 것도 작동했을 것으로 추론합니다. 기업이나 공공기관에서도 ESG 경영이 확산되면서 사회적 분위기도 은빛둥지에 매우 유리한 환경이 조성되어 2023년에는 경기테크노파크에서 냉난방기 후원도 받았습니다.

'노인들이여, 아직 끝이 아니요! 컴퓨터를 배워야 해요. 당신은 반세기를 더 살아야 합니다.'라는 슬로건이 마음에 와닿습니다. 농업시대 노인들을 디지털 노인으로 태어나는 학습공동체를 통하여 어른이 어른답게 활기찬 '신노인(新老人)'을 영위하자는 설립 취지와 목표는 베이비붐 세대들에게 하나의 방향과 가이드를 제시해 주었다고 생각합니다.

이번에는 전라남도 땅끝마을 해남으로 가 보겠습니다. 정확한 주소는 완도군 보길면, 우리가 윤선도의 고장으로 알려진 보물섬 같은 보길도입니다. 서울에서 보길도를 가려면 가는 데만 꼬박 하루가 걸리는 대한민국 최남단 도서지역입니다. 창조관광사업의 담임교수로 인연을 맺어 2014년 여름, 이 보길도란 섬을 매월 한 번씩 다녀왔습니다. 그곳에는 비파원을 운영하는 김원자 대표가 있었습니다.

김원자 대표는 언론인 출신입니다. 〈광주일보〉, 〈호남신문〉 등에서 문화부장, 편집국장을 역임한 최초의 여성 언론인으로 상징성을 가지고 있는 분이 갑자기 왜 한국관광공사의 창조관광사업을 신청했는지 의아한 심정으로 그분을 만났습니다. 거주하는 곳은 광주인데 보길도에서 어떻게 지역관광사업을 하겠냐고 사업 타당성에 의문을 제기하였더니 결국 김 대표는 제 뜻에 동의해서 보길도 비파원으로 가족과 생이별을 하면서 이사를 했습니다. 한편으로는 사업이 무엇이라고 이렇게까지 할 필요가 있나 스스로 걱정이 많이 되었습니다만 잘 이해를 해 주시고 나름대로는 상당 기간 보길도 지역관광에 큰 도움을 주셨습니다.

지금도 책상 옆 책꽂이에는 김원자 대표가 쓴 '보길도 기행' 책이 꽂혀 있습니다. 보길도란 섬에 많은 애정을 가진 분, 그래서 김 대표는 60이 넘은 나이에 과감한 선택을 하였는지도 모르겠습니다. 제가 제주도 한 달 살기를 감행한 것처럼 60세 전후로 한 번쯤 살던 곳을 떠나 삶의 회고 겸 여생에 대한 그림을 그려 보는 여행을 하는 심정이었지 않았을까 생각해 봅니다. 다행히 보길도에는 김원자 대표 친구 부부가 살고 계셔서 제가 방문할 때 식사대접도 받았던 기억이 납니다. 인상이 곱고 참 따뜻한 분이셨습니다. 세월이 흘러 경기도 양평에 있는 친구분까지 알게 되었는데 세 분이 가끔 여행사진을 페이스북에 올리는 것을 보면 아름다운 우정이 탐나기도 합니다.

보길도는 윤선도의 세연정 외에도 완도군의 대표적인 생산물인 전복이 최상품으로 생산되는 곳입니다. 황칠나무도 많아 생애 처음으로 황칠막걸리를 먹었던 기억도 납니다. 해남 땅끝마을 갈두항에서 배를 타고 노화도 산양진항까지 약 30분, 이곳에서 가져온 차로 보길도까지 연육교를 통해 20분 정도 가면 도착할 수 있습니다. 배를 타고 가는 바다 위의 대부분이 전복양식장으로 덮여 있습니다. 넓은 들판의 계획농지처럼 바다 역시 구획선이 명확하고 이러한 어장 가격이 상상을 초월해서 어촌에는 정말 부자가 많구나 하고 놀라기도 했습니다.

보길도 내 관광자원 개발은 예외로 하고 당장 김 대표가 살아야 할 집을 구하는 것이 급선무였습니다. 다행히 세연정 주변에 빈집 폐가가 있어서 이를 임차해서 수리하여 살기로 했습니다. 집이 2동으로 되어 있는데 나중에 들어 보니 군인들까지 동원되어 빈집의 쓰레기를 치웠다고 합니다. 주인은 시인으로 이곳에서 살다가 지금은 통영으로 이사해서 다시 오지는 않을 것이라고 하니 세상에는 제가 모르는 다양성이 얼마나 많은지 끝없이 배우게 됩니다.

집수리 후 김원자 대표는 이 집의 이름을 비파원으로 명명했습니다. 집 마당에 있는 비파나무에서 영감을 받아 정한 이름인데 참 멋진 이름으로 김 대표가 떠나고 주인이 바뀌더라도 오래오래 남아 있었으면 좋겠습니다. 창조관광 팀원 모두가 이곳으로 워크숍을 다녀오기도 했습니다. 보길도의 윤선도와 관련된 유적지, 스토리텔링, 공룡알 해변 그리고 꼭 한 번이라도 다시 먹고 싶은 보옥민박의 식사 등 그 추억은 오래오래 제 가슴속에 남아 있습니다.

지역자원을 통해 지역사회에 기여하는 삶

지역 문화관광 콘텐츠를 만들어 노후의 삶을 보내는 방법도 매우 멋지고 훌륭하다고 생각합니다. 제주도 금악마을에서 만난 제주 4.3 사건의 유적지를 해설해 주신 김성용 회장, 양평군 아신갤러리를 통하여 주민들의 문화향유에 애쓰시는 지역문화이음협동조합 홍명숙 이사장, 횡성 태기산에서 태기왕의 전설을 발굴하여 전국의 시산제를 유치하고 계신 오금택 대표, 청춘합창단 단장과 휴넷 회장까지 하시고 이제는 원주시 귀래면에서 산막스쿨을 운영하고 계신 권대욱 교장 선생님 등 지역 발전에 노후의 삶을 헌신하는 분들에게 큰 박수를 보냅니다.

위에서 제가 닮고 싶은 노후의 인물 모델에 대해 소개를 해 드렸습니다. 멀리서 찾지 않고 바로 우리의 부모님, 이웃 선배님 중에서 가장 닮고 싶은 모델이 있을 수 있습니다.

친구들과 최근 나누는 대화의 소재는 크게 건강과 연금입니다. 아쉽게도 순위에 밀려 일은 표면 위로 부각되지는 않습니다만 시간이 지나면 어떤 일, 어떤 봉사를 하면서 노후를 보낼까에 대해서도 정보를 나누지 않을까 생각합니다.

우선 건강에 대한 염려가 제일 많은 대화 주제입니다. 건강검진의 중요성에 대해, 걷기와 수영, 명상 등에 대해서도 정보를 공유합니다. 특히 심장이나 뇌질환, 동맥경화와 혈압, 고지혈증, 당뇨 등 상당 수준의 의학정보를 배우는 자리가 되기도 합니다. 단지 균형 잡힌 식단도 중요한데 다들 자기 스스로 밥을 차려 먹어야 한다 정도로 아내 의존 탈피, 독립을 강조하는 대화가 많은 것을 보면 베이비붐 세대의 남자들도 큰 변화가 있는 것은 확실합니다.

다음은 연금 등 노후 재정 계획과 지출관리 등이 핵심 주제입니다. 다들 연금을 타기 시작하지만 생활비 대비 부족하다고 말합니다. 군인연금, 공무원연금, 교원연금 등 상대적으로 여유가 있는 친구들도 부족하기는 마찬가지라고 하소연을 합니다. 국민연금에서는 '노후준비지원법'에 따라 중앙노후준비지원센터를 만들어 국민연금 노후준비서비스를 제공하고 있습니다. 노후준비와 관련된 종합진단 서비스도 받을 수 있고 노후준비 자금 설계, 내 연금 알아보기, 그밖에 노후준비정보 등도 파악할 수 있으니 젊은 시절부터 활용을 하면 좋겠습니다.

4층 연금인 주택연금을 활용

2023년 11월 말 기준 우리나라 국민연금기금 규모는 999.2조 원입니다. 1988년 이후 운용수익금은 543.3조 원이고 누적 수익률은 5.57%입니다. 전 세계적으로, 특히 자본주의 국가에서 국민연금을 생각하면 모든 자산가격은 우상향하는 것이 정치적으로나 국민복지 차원에서도 혼란을 막는 유일한 방법이란 생각이 강하게 듭니다. 우리나라의 증권시장도 주가지수가 지속적으로 올라가야 국민 노후가 편하게 되니 좋은 주식을 오래 가지고 있는 방법도 괜찮은 투자입니다.

국민연금공단의 '2023년 3월 기준 국민연금 통계' 자료에 따르면 노령연금을 받는 20년 이상 가입 수급자는 97만 4518명으로, 1인당 월 평균 수령액은 103만 5205원이며, 2023년 9월 기준 국민 1인당 국민연금 평균 수령액은 55만 원 수준밖에 안 됩니다. 이러한 노령연금으로 생활이 안 되니 개인연금이나 다른 연금으로 생활비를 충당해야 하는데 대표적인 것이 농지연금과 주택연금입니다. 여기서는 주택연금을 간단히 설명하겠습니다.

주택연금(주택담보노후연금보증)이란 주택소유자 또는 주택소유자의 배우자가 55세 이상인 경우 ① 주택소유자가 소유주택에 근저당권을 설정하거나, ② 주택소유자와 한국주택금융공사와 체결한 신탁계약(주택소유자 또는 주택소유자의 배우자를 수익자로 하되, 한국주택금융공사를 공동수익자로 하는 계약)에 따른 신탁을 등기하여 금융기관으로부터 평생 또는 일정한 기간 동안 매월 연금방식으로 노후생활자금을 지급받는 국가 보증의 금융상품(역모기지론)을 말합니다. 주택연금 가입자를 위한 국가 보증업무는 한국주택금융공사에서 수행하고 있으며, 금융기관은 한국주택금융공사의 보증서에 따라 주택연금 가입자에게 대출방식으로 주택연금을 지급합니다.

주택연금으로 한 달에 얼마를 받을 수 있을까요? 수도권 기준으로 32평 아파트에 살고 있고 공시지가가 10억 원이라면 국민연금이 나오는 65세 시점에서 주택연금을 수령할 경우 250만 원 정도를 받을 수 있습니다. 주택연금은 부부 중 한 사람이 돌아가신 경우에도 연금감액 없이 동일금액을 유족이 받을 수 있는 것도 장점입니다. 자식에게 의존하지 않은, 사실상 의존할 수도 없는 노후의 재무계획으로 매우 추천할 만한 선택입니다.

주택연금 정액형 수령 금액 예시

일반주택(종신지급방식, 정액형, 2024.03.01.기준)

(단위:천원)

| 연령 | 주택가격 | | | | | | | | | | | |
연령	1억원	2억원	3억원	4억원	5억원	6억원	7억원	8억원	9억원	10억원	11억원	12억원
50세	106	212	319	425	532	638	744	851	957	1,064	1,170	1,276
55세	145	291	436	582	728	873	1,019	1,164	1,310	1,456	1,601	1,747
60세	198	396	594	791	989	1,187	1,385	1,583	1,781	1,979	2,177	2,375
65세	240	480	720	960	1,201	1,441	1,681	1,921	2,162	2,402	2,642	2,882
70세	295	591	886	1,182	1,478	1,773	2,069	2,365	2,660	2,956	3,251	3,278
75세	370	740	1,111	1,481	1,851	2,222	2,592	2,962	3,333	3,538	3,538	3,538
80세	474	949	1,424	1,898	2,373	2,848	3,322	3,797	3,939	3,939	3,939	3,939

출처: 한국주택금융공사

100세 시대의 행복한 노후를 위한 기본적인 조건으로 많은 전문가들은 가족과 친구, 건강, 사회활동, 취미와 여가 그리고 부(富)와 소득의 5가지를 꼽는다고 합니다. 특히 이 중 부(富)와 소득은 안정적인 노후생활을 위한 필수 전제 조건입니다. 우리 사회가 본격적인 고령사회로 진입함에 따라 최근 안정적인 노후자금 확보를 위해 국민연금, 퇴직연금, 개인연금, 주택연금 등 이른바 "4층 노후보장 체계"의 중요성이 강조되고 있습니다.

모든 연금의 기초가 되는 1층 연금인 국민연금은 수령액이 기본적인 생활만 유지할 수 있는 수준으로 안정적인 노후를 보장받기에는 부족한 편이라 할 수 있습니다. 2층 연금이라 불리는 퇴직연금 또한 공무원이나 대기업에서 장기간 근무한 사람이 아니라면 기대에 미치지 못하는 수준입니다. 이러한 국내 연금 실정을 감안할 때 3층 연금인 개인연금이 필수로 꼽히고는 있지만, 실제 개인연금 규모와 가입자 비율은 매우 낮은 편입니다.

이에 주택연금은 모아 놓은 재산이 없어도 집 한 채만으로 노후 생활을 보장받을 수 있다는(살고 있는 집을 담보로 맡기고 매월 연금을 받기 때문에 주거와 노후생활비 문제를 동시에 해결할 수 있음) 장점을 갖고 있어 보유자산 중 부동산의 비중이 절대적인 우리나라의 실정에서 1층, 2층, 3층 연금의 부족분을 메워 줄 수 있는 4층 연금으로 떠오르고 있습니다.

건강하고 재무적으로 노후준비를 잘해서 지역사회에 봉사하는 삶을 사는 것이 지금 제가 추구하는 노후의 그림입니다. 가끔 친구들과 취미생활도 하고 놀러도 가려면 적절하게 지갑을 여는 사람이 되어야 합니다. 세월에 따라 나무에 나이테가 생기듯이 사람 역시 주름이라는 나이테가 생깁니다. 큰 나무가 더 많은 그늘과 더 풍성한 과실을 주위에 돌려주듯 사람 역시 나이가 들면 더 많이 베풀어야 주름이라는 계급장에 경의를 표하는 것입니다. 만나면 부담이 되는 사람, 만남 자체가 스스로 꺼려지는 사람이 안 되도록 지금 부단히 준비해야 합니다.

4부

자유와 책임의
밸런스 경영

16

가정생활의 균형

현우와 지은은 결혼 5년 차의 30대 후반 부부입니다. 현우는 IT 회사에서 프로젝트 매니저로 일하며, 최근에 중요한 프로젝트를 맡게 되어 거의 모든 시간을 일에 투자합니다. 지은은 프리랜서 그래픽 디자이너로, 두 사람의 생활을 지탱하는 데 중요한 역할을 합니다. 현우의 지나친 업무 몰두로 인해 두 사람 사이의 소통은 점점 줄어들고, 지은은 소외감과 무시당하는 감정을 느낍니다. 결국, 이러한 감정은 큰 싸움으로 이어지고, 두 사람은 결혼생활을 재고하기 시작합니다.

태민과 소영은 두 아이의 부모이자, 각자의 사업을 운영하는 바쁜 일상을 가진 부부입니다. 소영의 사업이 갑작스러운 시장 변화로 인해 어려움을 겪기 시작하면서, 가정 내 금전적 압박이 커집니다. 이로 인한 스트레스가 부부 사이의 갈등으로 이어지지만, 이 위기가 오히려 두 사람을 더 가까워지게 합니다. 태민과 소영은 서로에 대한 이해와 지지를 바탕으로 사업과 가정에서의 어려움을 함께 극복하며, 결국 사랑이 깊어만 갑니다.

준호와 하나는 양쪽 모두 경력이 매우 중요한 전문직에 종사하는 부부입니다. 준호는 해외 파견의 기회를 받지만, 이는 하나의 경력 발전과 직접적으로 충돌합니다. 초기에는 각자의 경력을 우선시하려는 두 사람의 욕구로 인해 갈등이 발생하지만, 깊은 대화와 상호 이해를 통해 결국 가정이 우선임을 깨닫습니다. 준호는 해외 파견을 포기하고, 하나는 지역사회에서 더 의미 있는 기회를 찾게 됩니다. 이 과정에서 두 사람은 개인적인 희생을 넘어서 가정을 위한 선택이 오히려 더 큰 성장과 만족을 가져올 수 있음을 배웁니다.

결혼을 한 부부라면 위에서 소개한 스토리처럼 희로애락의 다양한 가정생활을 하고 있다고 생각합니다. 방송에 나오는 위기의 부부나 부부 심리상담 같은 어두운 생활도 있지만 다투면서도 사랑하는 알콩달콩한 가정생활을 하는 부부가 훨씬 많을 것입니다. 베이비붐 세대에서는 대부분 남편이 가장으로서 경제적 책임을 맡고 아내는 가정경제와 아이 양육으로 역할이 나뉘었습니다. 이러한 역할론에 큰 불만이 없으면 그런대로 가정의 평화와 행복을 누렸다고 생각하며 살아왔습니다. 그러나, 이런 평가는 착각이었습니다. 아내들은 인내 속에서 많은 것을 버리고 살아온 것입니다. 전체 이혼 수는 감소하고 있는데 20년 이상 결혼 기간을 유지한 황혼이혼율의 증가가 이 증거입니다.

나는 26세에 결혼을 했습니다. 아내도 같은 나이입니다. 대학교 1학년 때 봉사 동아리에서 만나 2학년에 연애를 시작하고 ROTC를 거쳐 군대를 다녀오는 동안 기다려 준 아내와 제대하자마자 비로 결혼식을 올렸습니다. 캠퍼스 커플인 만큼 서로에 대해 많이 이해하고 결혼은 했지만 지금 와서 생각해 보면 참 어린 나이에 아무것도 모르고 결혼을 한 것 같습니다. 단지 딱 하나, 내 아내는 죽을 때까지 내가 책임진다는 생각만 강했습니다. 어떤 일을 해서라도 먹여 살린다는 마음이 사랑에 대한 책임이자 의무라고 생각한 것입니다. 하여튼 둘이 사고를 친 것도 아닌데 제대 후 2달도 안 되어 번갯불에 콩 튀겨 먹듯이 결혼식이 끝나고 안양 신혼집에서 결혼생활을 시작했습니다.

성 평등의 시대

예전에도 드물었지만 우리 부부처럼 6년 이상 연애를 하고 결혼을 하는 커플은 최근에 그리 많지 않은 것 같습니다. 연애와 결혼에 대한 가치관도 많이 차이가 납니다. 연애가 곧 결혼이고 배우자에 대한 사랑과 책임을 당연시하던 베이비붐 세대의 가치관과 각자의 성장을 중시하고 남녀 역할이 공평하게 분배되는 젊은 세대의 가치관과는 큰 차이가 있습니다. 선악이나 옳고 그름을 따질 문제는 아닙니다. 남녀에 대한 역할론과 시대상이 바뀐 것입니다.

2022년 통계청 자료에 따르면 초혼 평균연령은 남자 33.7세, 여자 31.3세입니다. 기대수명이 증가한 만큼 결혼연령도 늦어지고 있는 추세입니다. 2024년 2월, 결혼정보회사 가연이 '2024 결혼비용 리포트'라는 주제로 설문조사를 진행한 결과, 총 결혼 비용 평균은 3억 474만

원인 것으로 나타났고 총 결혼 예산에서 가장 큰 비중을 차지하는 것은 바로 신혼집. 무려 2억 4,176만 원으로 전체 약 79%에 달했다고 합니다. 나이가 들어 결혼한 만큼 어느 정도 준비된 결혼식을 하고 싶은 신혼부부의 심정도 이해는 갑니다.

보다 성숙한 어른이 되어 준비된 결혼을 한다고 해도 가정생활의 행복을 담보할 수는 없습니다. 각자가 살아온 세상을 보는 눈과 의사 결정의 패러다임은 단기간에 같아질 수는 없습니다. 당연히 불만과 갈등은 생기게 되는 것입니다. 이러한 차이, 즉 갈등에 대한 관리를 처음부터 잘 해결해 나가는 것이 필요합니다.

부부를 둘러싼 양가의 가족에서 오는 문제, 친구들과의 관계 유지와 관련되어 발생하는 문제, 특히 생활 습관의 차이, 아이가 태어나고 보육상의 견해 차이 등 부부관계의 사랑과 평화를 위협하는 수많은 문제가 존재하지만 이 장에서는 각자의 가정생활에서 올 수 있는 갈등에 국한하여 해결 방안을 강구해 보려고 합니다.

최근 결혼식에서 신랑, 신부가 사용하는 성혼선언문 샘플입니다.

성혼선언문 자료를 찾다 보니 참 재미있는 사례도 많았습니다만 예전의 관행화된 성혼선언문에서 볼 수 없었던 배우자의 인간관계 유지, 취미에 대한 존중 등이 눈에 띄었습니다. 결혼을 통한 서로 간의 구속을 어느 정도는 풀어 주는 변화를 읽을 수 있었습니다. 그리고 공통적인 키워드를 살펴보면, 감사와 존중, 대화와 상의, 한결과 영원입니다. 서로 간의 갈등을 해결하는 솔루션은 이미 성혼선언문에 답이 나와 있습니다. 사실 이렇게만 살면 됩니다.

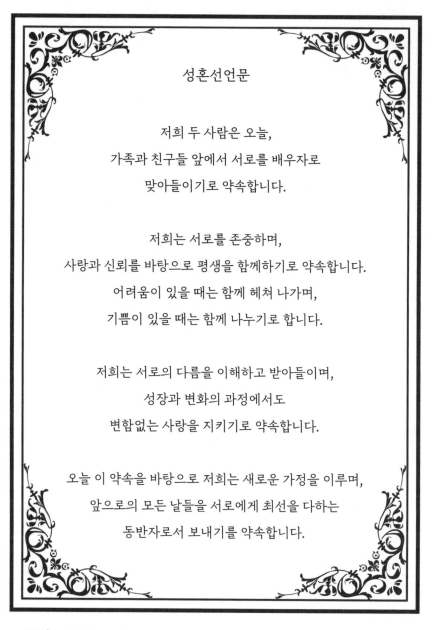

성혼선언문

저희 두 사람은 오늘,
가족과 친구들 앞에서 서로를 배우자로
맞아들이기로 약속합니다.

저희는 서로를 존중하며,
사랑과 신뢰를 바탕으로 평생을 함께하기로 약속합니다.
어려움이 있을 때는 함께 헤쳐 나가며,
기쁨이 있을 때는 함께 나누기로 합니다.

저희는 서로의 다름을 이해하고 받아들이며,
성장과 변화의 과정에서도
변함없는 사랑을 지키기로 약속합니다.

오늘 이 약속을 바탕으로 저희는 새로운 가정을 이루며,
앞으로의 모든 날들을 서로에게 최선을 다하는
동반자로서 보내기를 약속합니다.

남녀의 차이

남자와 여자는 근본적으로 다릅니다. 60이 넘은 나이에 확실하게 아는 사실은 아내인 여자는 정말 모르겠다입니다. 반대로 아내도 남편을 그렇게 생각할 것입니다. 이제는 그러려니 하고 삽니다만 다음과 같은 팁을 드릴 수 있습니다.

✓ **소통 방식의 차이**: 남성은 종종 문제해결 중심으로 대화를 진행하는 반면, 여성은 경험과 감정을 공유하는 데 더 중점을 둡니다. 이러한 차이를 이해하고 서로의 소통 스타일을 존중하는 것이 중요합니다.

한 신혼부부가 여성이 하루 종일 겪은 문제에 대해 남편에게 이야기를 시작했습니다. 남편은 즉각적으로 해결책을 제시하기 시작했지만, 여성은 그저 자신의 감정을 공유하고 싶었던 것입니다. 이로 인해 여성은 남편이 자신의 감정에 공감하지 않는다고 느꼈습니다. 이런 경우에는 남편이 해결책을 제시하기 전에 "아내의 이야기를 들으면서 정말 힘들었겠다."와 같은 공감 표현을 사용함으로써 상황이 개선됩니다.

✓ **감정 표현의 차이**: 여성은 감정을 표현하는 데 있어서 보다 개방적이고 세밀한 반면, 남성은 감정을 내면화하는 경향이 있습니다. 배우자가 감정을 표현하는 방식을 이해하고 적절히 반응하

는 것이 중요합니다.

남편이 직장에서 스트레스를 받았을 때, 그는 대부분의 시간을 혼자 보내며 감정을 다스리려고 했습니다. 그러나 아내는 남편이 자신과 대화를 나누지 않는다며 거리감을 느꼈습니다. 이런 경우에는 아내가 남편에게 자신의 감정을 혼자 처리할 시간이 필요하다는 것을 이해하고, 남편이 준비가 되었을 때 대화를 시작할 수 있도록 기다려야 합니다. 아내의 현명한 지혜가 필요합니다. 이런 과정을 통해 시간이 지나면서 남편도 자신의 감정을 조금 더 개방적으로 공유하려는 노력을 하게 됩니다.

✓ **스트레스 대응 방식의 차이**: 스트레스를 받았을 때 남성은 종종 혼자 시간을 갖기를 원하는 반면, 여성은 이야기를 나누며 지지를 찾는 경향이 있습니다. 배우자의 스트레스 대응 방식을 이해하고 지원하는 것이 중요합니다.

아내가 집안일과 관련된 스트레스를 겪고 있을 때, 그녀는 남편과 대화를 통해 문제를 해결하고자 했습니다. 반면, 남편은 스트레스 상황을 피하려고만 했고, 이는 더 큰 갈등으로 이어졌습니다. 남편에 실망하는 많은 경우가 여기에 해당됩니다. 대표적인 사례가 소파에 누워 하루 종일 TV를 보는 남편의 모습입니다. 아내와 남편이 서로의 스트레스 대응 방식을 이해하고, 함께 시간을 보내며 대화를 나누는 것이 중요하다는 것을 깨달아야 합니다. 남편이 아내의 필요를 인식하고 적극적으로 참여하면서, 아내도 남편이 때로는 혼자 시간을 갖기를 원한다는 것을 이해하게 됩니다.

✓ **관심사와 취미의 차이**: 남성과 여성은 종종 다른 관심사와 취미를 가지고 있습니다. 서로의 관심사에 대해 호기심을 가지고, 가끔은 함께 새로운 활동을 시도해 보는 것도 좋은 관계를 유지하는 데 도움이 됩니다.

남편은 주말마다 축구를 보는 것을 좋아하지만, 아내는 미술관을 방문하는 것을 선호합니다. 처음에는 서로의 취미에 대한 이해가 부족해 갈등이 생겼습니다.

서로의 취미에 대해 호기심을 갖고, 각자의 관심사에 동반자로서 참여해 보기로 합의했습니다. 남편이 아내와 함께 미술관을 방문하고, 아내도 남편과 함께 축구 경기를 보면서 서로의 관심사에 대한 이해와 존중이 깊어졌습니다. 축구경기를 하는 날, 아내가 치맥을 주문해서 같이 환호성을 질러 준다면 당신은 최고의 부인을 만난 것입니다.

✓ **의사결정 과정의 차이**: 남성은 때로는 빠르고 단호한 결정을 선호하는 반면, 여성은 의사결정 과정에서 더 많은 정보를 고려하고 논의를 선호할 수 있습니다. 의사결정 과정에서 서로의 접근 방식을 이해하고 존중하는 것이 중요합니다.

한 신혼부부가 휴가지를 결정하는 과정에서 차이를 보였습니다. 남편은 스릴 넘치는 모험을 선호하며, 빠르게 결정을 내리려고 했습니다. 반면, 아내는 여러 옵션을 고려하고 각각의 장단점을 신중하게 평가하길 원했습니다. 이로 인해 남편은 과정이 지나치게 길어진다고 느꼈고, 아내는 충분한 고민 없이 결정을 내리려는 남편의 태도에 불안함을 느꼈습니다. 이런 경우가 많습니다. 사소한 문제가 대부분 식당, 여행지, 영화 등에 대한 선택, 의사결정 과정에서 발생합니다.

이런 경우 부부는 서로의 의사결정 스타일을 인정하고, 각자의 접근 방식에서 최선의 부분을 결합하면 됩니다. 남편은 아내가 모든 옵션을 고려하여 의견을 낼 수 있도록 기다리는 인내심을 가지고 아내는 남편의 의견을 존중하고, 결정을 내리는 과정을 불필요하게 지연시키지 않아야 합니다.

이러한 사례들은 남성과 여성 사이의 차이를 이해하고 서로를 존중하는 것이 어떻게 관계를 강화할 수 있는지 보여 줍니다. 서로의 차이를 인정하고 이해하는 것은 부부가 함께 성장하고 발전하는 데 필수적인 요소입니다.

가정경영의 핵심 요소

부부에게 개방적이고 정직한 커뮤니케이션은 가정경영의 핵심입니다. 서로의 기대, 목표, 우려 사항에 대해 자주 대화를 나누며, 결정을 함께 내리는 과정에서 서로의 의견을 존중하고 이해하는 것이 중요합니다. 동네에 새로 생긴 카페 데이트, 또는 일정한 요일을 정해 천변이나 동네공원 산책을 권합니다.

직장생활과 가정생활 사이의 명확한 경계를 설정하는 것이 중요합니다. 이는 업무 시간에는 집중적으로 일하고, 가정에 있을 때는 가족과 함께 시간을 보내는 데 집중하는 것이 중요합니다. 최근에는 일과 가정이 양립할 수 있도록 다양한 제도를 운용하는 기업도 증가하고 있습니다. 저녁 몇 시 이후, 주말이나 공휴일에는 회사와 가정을 혼동하지 않도록 원칙을 명확히 정할 필요가 있습니다.

가정 내에서의 역할과 책임을 공평하게 분담하는 것도 중요합니다. 이는 모든 가족 구성원이 가정 내 일과 양육 그리고 개인의 필요에 대해 동등하게 기여하고 책임을 지는 것을 의미합니다. 가정과 직장 사이의 균형은 시간이 지남에 따라 변할 수 있습니다. 가족 구성원의 필요나 상황이 변하면 계획을 조정하고 새로운 협력 방식을 찾을 준비가 되어 있어야 합니다.

개인의 건강과 웰빙은 가정경영의 핵심 요소입니다. 정기적인 휴식, 운동, 취미 생활 등을 통해 스트레스를 관리하고, 자기 관리에 시간을 할애하는 것이 중요합니다. 부부도 어느 정도의 자유시간을 상대방에게 주어야 합니다. 배우자가 주말에 등산이나 자전거, 골프 연습을 갈 때 지나치지 않다면 즐겁게 다녀오도록 배려해 주어야 합니다. 물론 같이하면 최고입니다만 다양한 모임이나 친한 친구와 같이 다녀올 경우도 있으니 적당히 넘어가 주는 것도 필요합니다.

가족과 함께하는 시간을 우선시하고, 이를 일정에 명시적으로 포함시키는 것이 중요합니다. 이는 가족 구성원 모두가 서로의 존재를 소중히 여기고, 강력한 가족 유대감을 형성하는 데 도움이 됩니다. 나는 직장생활과 사업을 하는 기간에도 1주일에 하루는 꼭 가족과 함께 시간을 보냈습니다. 가정과 가족에 대한 최소한의 의무라고 생각했습니다. 아내도 그 점은 고맙게 생각하고 있으니 시대에 맞춰 좀 더 많은 시간을 같이한다면 좋은 결과가 있을 것입니다.

이러한 원칙과 배려는 가정 내에서 긍정적이고 지원적인 환경을 조성하고, 모든 가족 구성원이 행복과 만족을 느낄 수 있도록 돕습니다. 남편은 아내에게 작은 사랑의 표현을 자주 하여야 하고 아내는 가끔이라도 남편을 인정하는 표현을 하는 것이 필요합니다. 특히 남자는 아버지로서 자녀로부터 존경을 표현 받는 것처럼 흐뭇한 것은 없습니다. 가정생활의 밸런스 경영은 끊임없는 노력과 관심이 필요한 과정이며, 서로를 위한 배려와 지원을 통해 성공적으로 이루어질 수 있습니다.

가수 노사연이 부른 〈바램〉이라는 노래가 있습니다. 앞에서 변화는 바람이라고 했습니다만 바람은 바램이라고도 할 수 있습니다. 평생 저와 가족을 위해 참고 희생한 아내가 저에게 말하는 것 같은, 그래서 부부의 사랑을 일깨우는 곡입니다. 김종환 작사가의 〈바램〉 가사 중 마지막 부분은 여운이 크게 남습니다.

우린 늙어 가는 것이 아니라
조금씩 익어 가는 겁니다

17

일과
취미생활의 조화

초등학교 시절부터 학교에서 공부하는 것 외에 학교 친구들과 운동장에서, 동네 야산에서 즐겁게 놀면서 컸습니다. 친구 한 명이 초등학교 5학년 때쯤 처음으로 가죽으로 된 축구공을 가지고 나타났는데 얼마나 신기했는지 친구들 모두 공 한 번 차게 해 달라고 쫓아다녔던 기억이 납니다. 하긴 '누가바' 아이스크림이 4학년 때 처음 나왔는데 그 맛은 지금도 잊을 수가 없습니다.

동네에 만화가게가 있어서 만화를 보러 자주 갔습니다. 만화를 보면 저녁시간에 만화가게에서 TV를 시청할 수 있었습니다. 당시에는 동네에 TV가 있는 집이 매우 적었습니다. 밤이 되었는데도 제가 안 오니 어머니께서 온 동네를 찾아다닌 것 같습니다. 여러 곳을 찾아다니시다가 동네 만화가게에서 졸고 있는 저를 봤으니 그날 엄마한테 엄청 혼난 기억이 납니다. 그래도 친구들과 딱지치기, 구슬치기, 자치기, 사방치기, 말타기, 나무로 만든 칼싸움, 심지어는 기찻길 철로에서 못으로 칼날 만들기 등 자연으로 할 수 있는 모든 놀이를 섭렵하며 컸습니다.

공부하고 숙제하고 나면 사실 나머지 시간은 친구들과 노는 시간입니다. 중학교에 가서도 친구들 모두 점심시간은 당연하고 방과 후에도 고무공으로 된 야구시합을 참 많이 했습니다. 중학교에는 정식 야구부가 있었는데 당시에도 알루미늄 배트와 가죽 야구공을 보면 신기했지만 우리는 고무공에 나무막대기로 참 재미있게 놀았습니다. 컴퓨터와 게임기가 없던 시절이라 논다는 것은 야외에서 같이 모여 운동을 하는 것입니다.

고등학교 친구들이 대부분 사춘기를 겪었는데 이때도 역시 운동장에서는 축구, 학교를 나와서는 탁구장에 가서 시합을 하는 것이 노는 것이었습니다. 운동을 하면서 저와 제 친구들은 사춘기를 잘 이겨 냈다고 생각합니다. 고등학교 들어와서는 약간의 동아리 성격으로 글쓰기나 밴드부도 있었고 태권도부가 있어서 수업 후에 태권도를 배워 유단자가 된 친구들도 있었습니다. 노는 것과 취미의 차이가 무엇인지 이해를 했다면 아마 이 시점인 것 같습니다. 선생님이 취미가 뭐냐고 물어보면 나는 취미가 곧 노는 것이니 탁구나 축구라고 대답했고, 처음으로 일부 친구들이 독서와 악기연주라고 대답했습니다.

한 반에 60명, 교실 뒤에 있는 친구들과 앞에서 공부하는 친구들은 노는 것부터 많은 차이가 났습니다. 뒤에 있는 친구들은 여고생 친구도 있는가 하면 술과 담배를 하는 친구들도 많아져서 선생님에게 걸려 맞기도 참 많이 맞았습니다. 세월이 흐르고 보니 그때 잘 놀았던 친구들이 더 잘된 경우도 많고 사회적으로도 훌륭한 리더가 되어 있어서 역시 성공은 성적순이 아니라는 진리를 깨닫게 됩니다. 성공의 DNA 중에는 타인에게 피해를 주지 않는 선에서 잘 노는 것이 확실히 있습니다.

이런 학창생활을 보내다 보니 베이비붐 세대에게 취미란 단어는 밤낮없이, 주말 없이 사회적, 경제적 활동으로 인한 스트레스를 개인적으로 푸는 활동을 취미라고 이해하였습니다. 사회생활을 시작하면서부터 노는 것과 취미는 확연히 달라지게 됩니다. 취미생활은 재미로 즐겨 하는 일련의 모든 활동을 뜻하며 친구들과 단순히 노는 것을 포함해서 다양한 사람들과의 관계 증진, 새로움의 추구, 몰랐던 분야에 대한 접근 등 그 범위가 매우 넓습니다.

부부 취미생활로 인기가 많은 낚시가 있습니다. 전국의 낚시 인구는 1천만 명에 육박한다고 합니다. 스크린골프를 포함해서 골프를 치는 부부도 많습니다. 전국의 골프 인구는 2021년 기준 1,200만 명에 육박합니다. 코로나 시기에 야외활동 인구가 급증한 것도 한몫하겠지만 1인당 국민총소득이 늘어난 것도 취미활동 소비 증가에 기여한다고 볼 수 있습니다. 부부가 스쿠버다이빙이나 스키를 배우는 경우도 많고 키덜트족이라 해서 레고를 포함, 피규어를 만드는 데 몇백만 원을 소비하기도 합니다. 이외에도 도자기공예, 커피 바리스타, 희귀식물 키우기, 자전거 타기, 캠핑, 등산, 영화·연극관람 등이 있으며 맛집

탐방이나 여행 유튜버 등 크리에이터 활동을 하는 분들도 많습니다.

오픈서베이에서 조사한 취미생활 자기계발 트렌드 리포트 2022에 따르면 20~59세 남녀 10명 중 7명은 주 평균 2.4회, 1회 평균 1.2시간 정도를 정기적으로 하는 취미/자기계발 활동에 사용하고 있다고 합니다. 월평균 지출액은 약 7만 원 정도입니다. 취미/자기계발 분야를 선택하는 데 재미/즐거움과 같은 요소는 물론 수익성과 자신의 전문성에 도움이 되는지 등의 요소가 복합적으로 고려됩니다. 커리어, N잡 등 미래 수입을 고려하는 경우 재테크/투자, 어학 분야 중심으로 활동하며 여가 및 취미 목적으로는 스포츠/피트니스, 요리/음료 비중이 높습니다.

취미의 긍정성과 부작용

사람들이 취미생활을 하는 이유는 다양합니다. 취미는 개인의 삶에 여러 긍정적인 영향을 줄 수 있습니다. 취미는 일상생활의 스트레스와 압박에서 벗어나 마음을 편안하게 해 주는 탈출구 역할을 합니다. 취미에 몰입하는 동안에는 현재 순간에 집중하게 되어, 일시적으로 걱정거리나 스트레스를 잊을 수 있습니다. 새로운 기술을 배우거나 취미에서 달성한 것들은 개인적인 성취감을 주며, 자신감을 향상시킬 수 있습니다. 이는 일상생활에서도 긍정적인 영향을 미칩니다.

많은 취미들이 사회적 활동을 포함하며, 동일한 관심사를 가진 사람들과의 교류를 통해 새로운 친구를 만들거나 기존의 관계를 강화할 수 있습니다. 일부 취미는 신체 활동을 포함하여 신체 건강을 증진시킬 수 있습니다. 또한, 정신적으로도 새로운 것을 배우고 창의력을 사용하며, 인지 능력을 유지하거나 향상시키는 데 도움이 됩니다.

사람들은 단순히 자신이 즐기는 활동에 시간을 할애하는 것을 좋아합니다. 취미는 개인적인 취향과 흥미에 따라 선택되기 때문에, 그 자체로 큰 만족감을 줍니다. 취미는 여가시간을 보다 생산적이고 의미 있게 보내는 방법을 제공합니다. 이는 일과 삶의 균형을 찾는 데 중요한 역할을 할 수 있습니다. 사람마다 취미를 갖는 구체적인 이유는 다를 수 있으며, 개인의 성향, 관심사, 생활 환경 등에 따라 달라집니다. 하지만 대체로 취미는 개인의 삶의 질을 향상시키고, 더 행복하고 충족된 삶을 살 수 있게 도와줍니다.

반대로 지나친 취미활동은 부작용을 가져올 수 있습니다. 취미에 너무 많은 시간을 투자하면, 일, 학업, 가족 또는 다른 중요한 책임을 소홀히 할 수 있습니다. 이는 스트레스 증가, 성과 저하, 관계 문제 등을 초래할 수 있습니다. 일부 취미는 고가의 장비, 자재, 수업료 등을 요구할 수 있습니다. 취미에 지나치게 많은 돈을 지출하면 재정적 어려움을 겪을 수 있으며, 이는 빚이 증가하고 재정적 안정성이 해치는 원인이 될 수 있습니다.

특정 취미에 지나치게 몰두하면, 친구나 가족과 같은 사회적 관계에서 멀어질 수 있습니다. 이는 고립감을 느끼게 하고, 결국에는 우울증이나 불안감과 같은 정신 건강 문제로 이어질 수 있습니다. 신체 활동이 많은 취미는 과도하게 행할 경우 부상이나 과로로 이어질 수 있습니다. 반대로, 장시간 앉아서 진행하는 취미는 운동 부족, 체중 증가, 자세 문제 등을 야기할 수 있습니다.

취미가 중독적인 성향을 띠게 되면, 그것 없이는 만족을 느끼지 못하는 상태에 이를 수 있습니다. 이는 개인의 삶에서 다른 활동이나 관계에 대한 관심을 감소시키며, 삶의 균형을 해칠 수 있습니다. 특히 경쟁적인 취미나 성과를 중시하는 취미의 경우, 성과에 대한 압박감이 스트레스 원인이 될 수 있으며, 이는 즐거움보다는 부담감을 느끼게 할 수 있습니다.

취미생활의 부작용을 피하기 위해서는 취미와 일상생활 사이에 건강한 균형을 유지하는 것이 중요합니다. 취미가 개인의 삶을 풍요롭게 하고, 긍정적인 영향을 미치도록 하기 위해서는 적절한 시간 관리, 재정 계획, 사회적 관계 유지에 주의를 기울여야 합니다.

취미생활을 즐기기 위한 Tips

취미생활의 장점을 극대화하고 단점을 최소화하여 일과 가정생활에 균형을 가져오는 데는 몇 가지 원칙과 방법이 도움이 될 수 있습니다. 여기에는 시간 관리, 우선순위 설정, 적절한 취미 선택, 가족과의 소통 및 협력 등이 포함됩니다. 다음은 일과 가정생활의 균형을 유지하며 취미생활을 즐기기 위한 몇 가지 팁입니다:

- ✓ **시간 관리**: 자신의 시간을 철저히 관리하고, 취미활동에 할애할 수 있는 시간을 명확하게 정하세요. 일정을 계획할 때는 직장, 가족 시간, 개인 시간 등 모든 중요한 활동에 충분한 시간이 할당되도록 합니다.

- ✓ **우선순위 설정**: 취미를 포함한 모든 활동에 대해 우선순위를 설정하세요. 가장 중요한 책임과 필요를 먼저 충족시킨 후 여가시간을 활용하는 것이 중요합니다.

- ✓ **유연성 유지**: 취미활동에 대한 유연성을 유지하세요. 때로는 가족, 직장 또는 개인적인 필요가 더 중요해질 수 있으므로, 상황에 따라 취미활동을 조정할 준비가 되어 있어야 합니다.

- ✓ **적절한 취미 선택**: 취미를 선택할 때는 개인적인 관심뿐만 아니라 그 활동이 일과 가정생활에 미치는 영향도 고려하세요. 가족과 함께 즐길 수 있는 취미를 선택하거나, 스트레스 해소에 효과적이면서 시간적, 재정적 부담이 적은 취미를 찾는 것이 좋습니다.

- ✓ **가족과의 소통 및 협력**: 취미활동에 관한 계획을 가족과 공유하

고, 그들의 의견을 들어 보세요. 가능하다면 가족 구성원 모두가 참여할 수 있는 활동을 찾아보는 것도 좋은 방법입니다.

- ✓ **목표 설정**: 취미활동에 대한 현실적이고 달성 가능한 목표를 설정하세요. 이는 활동에 대한 동기부여를 유지하는 데 도움이 되며, 과도한 시간이나 자원을 소모하는 것을 방지할 수 있습니다.

- ✓ **자기반성**: 정기적으로 자신의 취미활동과 그것이 일과 가정생활에 미치는 영향을 평가하세요. 필요한 경우, 취미활동의 방향을 조정하여 더 균형 잡힌 생활을 유지할 수 있습니다.

이러한 원칙과 방법을 통해 취미생활을 즐기면서도 일과 가정생활 사이에 건강한 균형을 찾을 수 있습니다. 취미는 개인의 삶을 풍요롭게 하고, 일상의 스트레스를 완화하는 중요한 수단이 될 수 있지만, 모든 것이 균형을 이루어야 한다는 점을 기억하는 것이 중요합니다.

같이 또 따로, 상호 존중의 취미생활

우리 부부는 둘 다 분당의 탄천이나 율동공원 등 걷기를 좋아합니다. 가끔 친구들과 서울대공원이나 양재천 산책을 다녀오기도 하지만 기본적으로 아내와 다니려고 노력합니다. 인근에 있는 소문난 맛집을 찾아다니기도 합니다. 아내가 전문 셰프인 만큼 엄선해서 다소 거리가 먼 식당이라도 찾아가는 여정이 즐겁습니다. 품평도 하고 배울 점도 메모합니다. 계절별로는 여행을 다녀오기도 합니다. 국내든 해외든 계획을 세워 여행하는 것을 좋아합니다. 제가 컨설턴트로서 전국을 다니면서 다시 가 보고 싶은 곳을 기록하였다가 아내를 데리고 가이드하는 것을 즐깁니다.

최근에 우리 부부가 매우 흡족한 취미생활이 생겼는데 바로 미술관 투어입니다.

이 취미는 아이들이 다 출가한 시점부터이니 3년 정도 된 것 같습니다. 전국에는 곳곳마다 갤러리나 미술관, 박물관 등이 있고 수많은 예술가들의 창의적인 작품들을 감상하는 것은 매우 좋은 추억입니다. 이번 제주도 한 달 살기 여행 중 김창렬미술관이나 유동룡미술관 등을 다녀왔는데 우리에게는 오랫동안 기억될 멋진 경험이었습니다. 새롭게 도전할 취미생활도 생겼습니다. 아내와 함께 춤을 배우려고 합니다. 이미 여동생 내외는 시작을 했는데 보내온 동영상을 보니 신체적으로, 사회적으로 유익할 것 같습니다. 마침 동네에 스포츠센터에서 댄스반이 있다고 해서 용기를 내려고 합니다. 또한 지역사회에서 함께 자원봉사하는 기회도 가지려고 합니다. 봉사를 통하여 공동체의 일원으로서 사회적 가치도 공유하고 지역사회에 기여하고자 합니다.

나이가 들어가면서 돈이 적게 들고 부부가 함께 즐길 수 있는 취미생활을 찾는 것은 관계를 강화하고, 새로운 즐거움을 발견하는 좋은 방법입니다. 같은 취미를 공유함으로써 서로의 관심사를 공유하고, 삶의 질을 향상시킬 수 있습니다. 취미생활 역시 역지사지(易地思之)의 태도가 중요합니다. 젊은 시절에는 서로가 지나친 취미생활에 대하여 상대를 통제하거나 억압하려 합니다. 가급적 위의 균형 원칙을 체크해서 상대방에게 강요하지 말고, 자신만 즐거운 취미 시간과 비용을 줄여서 가족과 함께하는 취미생활에 사용하기 바랍니다.

부부의 취미생활

18

상화경영(相和經營)

저는 제 이름을 딴 상화경영(相和經營)의 필요성을 강조합니다. 상화경영의 창시자임을 자임합니다. '상화경영'의 요체는 대중을 대상으로 '공동선(共同善)'을 중시하는 공화(共和)와는 다소 거리가 있습니다. 상화경영은 대중보다는 관계를 유지하고 발전시킬 인간관계의 수를 150명 전후로 정비하여 상호 간의 협업과 조화, 시너지와 하모니를 추구하는 것을 말합니다. 회사의 적정인원 수나 단체의 회원 수 또한 이 규모를 기준으로 하여 관리하는 것이 효과적이며 사업의 규모가 커지거나 단체 회원 수가 많아지면 분사 또는 분리를 할 것을 권고합니다.

우리가 살면서 상화(相和)가 필요한 상대는 그리 많지 않습니다. 엄밀히 말하면 불가근 불가원(不可近 不可遠)의 인연이 우리를 에워싸고 있는 것입니다. 대다수는 이해관계를 따져 잠시 인연이 되었다가 자연스럽게 헤어지는 관계일 뿐입니다. 가족과 친구, 직장동료, 단체의 회원 중에서 기간이 아닌 시점으로 보면 내 사업이나 직장 그리고 가정생활에 직접적으로 이해가 있거나 조화를 이루어 행복을 공유할 대상은 사실 100명도 되지 않습니다. 이런 점에서 상화경영은 '오케스트라 경영'이라고도 할 수 있습니다.

오케스트라는 심포니 오케스트라와 챔버 오케스트라로 나닙니다. 심포니 오케스트라는 현악기, 금관악기, 목관악기, 타악기로 구성되어 100명 정도의 연주자와 지휘자가 있는 단체이고 챔버 오케스트라는 일반적으로 지휘자가 없이 현악기로만 구성된 적게는 15명에서 60명 정도가 됩니다. 상화경영은 심포니 오케스트라 경영과 유사합니다. 현재 KNN방송교향악단 음악감독 겸 상임지휘자 서희태의 《오케스트라처럼 경영하라》 도서의 일부 내용을 발췌해서 소개합니다. '오케스트라는 수많은 악기들로 구성되어 있다. 이들은 저마다 재료, 소리의 질감, 소리의 크기(음량), 음역, 연주하는 방법 등이 모두 다르다. 이러한 악기들이 하나의 하모니를 이루기 위해 가장 중요한 것은 연주자들 간의 조화와 협력이다. 오케스트라는 이처럼 다양한 구성원들 간의 조화와 협력을 기본으로 하여 이루어지는 조직이며, 이는 최근 경영의 흐름과 연결된다.'

피터 드러커(Peter Drucker)는 현대 경영학의 아버지로 불리며 저서와 강의에서 기업을 오케스트라에 비유하였습니다. 그는 조직 내에서의 리더십, 협업, 각 구성원의 역할과 중요성 등 여러 중요한 경영 원칙을 오케스트라 경영으로 비유했습니다.

오케스트라에서는 다양한 악기가 조화롭게 연주되어야 아름다운 음악이 만들어집니다. 마찬가지로 조직에서도 다양한 부서와 직원들이 각자의 역할을 수행하며 협력할 때 성공적인 결과를 낼 수 있습니다. 오케스트라의 지휘자는 각 악기의 연주자들이 조화롭게 연주할 수 있도록 이끕니다. 이는 기업에서의 리더십과 유사하며, 리더는 조직의 목표 달성을 위해 구성원들을 하나로 묶고 방향을 제시하는 중요한 역할을 합니다. 드러커는 리더가 조직 내에서 지휘자와 같은 역할을 한다는 점을 강조합니다.

오케스트라에서는 작은 파트 하나하나가 전체 곡의 완성도에 기여합니다. 모든 악기가 중요하며, 그들 각자의 역할이 있습니다. 이는 조직에서도 마찬가지로, 각 직원의 기여도가 중요하고, 다양한 역할과 책임이 조직의 전체 성과에 기여한다는 것을 의미합니다. 오케스트라에서의 아름다운 음악은 개별 악기의 소리가 아닌, 그 소리들이 어우러져 만들어 내는 조화로움에서 비롯됩니다. 기업에서도 개별 부서나 직원들의 노력이 중요하지만, 그것들이 어떻게 통합되고 조화를 이루느냐가 최종 성과에 결정적인 영향을 미칩니다. 드러커는 이를 통해 개인의 기여와 팀워크의 중요성, 조화로운 통합을 강조하였습니다.

던바의 수(Dunbar's number)

대다수의 사람들이 보편적으로 생각하는 인간관계의 대상은 성장하면서 만난 학교 친구들 그리고 직장동료와 종교 생활, 봉사단체, 동호회, 아이들 반 모임에서 만난 회원과 이웃 등입니다. 사람이 한평생 맺는 인간관계의 수는 개인의 사회성, 생활 환경, 직업, 성격 등 다양한 요인에 따라 크게 달라질 수 있습니다. 그러나 일반적으로 사람들이 유지할 수 있는 관계의 수에 대해 이론적인 한계를 제시한 연구가 있습니다.

영국의 진화인류학자 로빈 던바(Robin Dunbar)는 "던바의 수(Dunbar's number)"라는 이론을 통해 사람이 안정적으로 유지할 수 있는 사회적 관계의 수는 100명에서 220명 정도이며 대략 150명 정도라고 주장했습니다. 이 수치는 인간의 뇌 크기와 사회적 상호작용을 처리하는 능력에 기반한 것으로, 이론적으로는 가까운 관계에서부터 덜 친밀한 관계까지 포함한 숫자입니다.

던바의 수는 다음과 같은 계층으로 나눌 수 있습니다.

절친: 약 5명. '기대어 울 수 있는' 친구나 가족
친한 친구: 약 15명. '죽는다면 진짜로 슬플 것 같은' 가까운 친구 및 가족을 포함
좋은 친구: 약 50명. '파티에 초대할 만한' 더 넓은 사회적 관계를 포함
그냥 친구: 약 150명. '결혼식 하객으로 초청할 만한', 개인이 안정적으로 유지할 수 있는 사람

출처: 조선일보_문화라이프_20220108

인간은 '친구'라 정의할 수 있는 150명까지를 도와줄 때는 보상을 바라지 않지만 150명 이후의 사람들에겐 '나중에 호의를 되돌려 달라'고 기대한다고 합니다. 물론, 이 수치는 평균적인 값이며, 개인에 따라 큰 차이가 있을 수 있습니다. 그러나 결혼식이나 장례식에서 혼주와 상주가 직접 알려야 하는 명단을 작성해 본 사람이라면 150명 전후 숫자가 쉽게 이해가 갈 겁니다. 군대에서도 보병 중대 규모가 130명 선으로 조직되어 있는 것도 던바의 수 법칙과 유사할 수 있습니다.

현대 사회에서는 소셜 미디어와 같은 디지털 커뮤니케이션 도구의 발달로 인해 더 많은 사람들과 연결될 수 있지만, 이러한 연결이 모두 의미 있는 사회적 관계로 이어지는 것은 아닙니다. 저 또한 카카오톡부터 페이스북, 인스타그램, 링크드인 등 다양한 SNS 채널을 관리하지만 실제로 깊이 있는 관계를 유지하기 위해 SNS 관련 인연이 된 분들에게 시간, 에너지, 감정적 투자를 다 할 수는 없습니다. 따라서, 사람이 일생 동안 맺는 인간관계의 수는 다양할 수 있지만, 진정으로 의미 있는 관계를 유지하는 수는 제한적일 가능성이 높습니다. 중요한 것은 많은 관계를 맺는 것보다는, 질 좋은 관계를 유지하고 발전시키는 것입니다. 상화경영의 실천을 위한 관계 리스트와 관계노트를 만들어 활용해 보시기 바랍니다.

인간관계 / 네트워킹 매트릭스

인간관계·네트워킹 수와 질적 깊이를 변수로 하는 4분면 매트릭스에 대해 설명하겠습니다. 여러분들은 어느 분면에 속해 있습니까? 매트릭스에서 제 직업군에 어울리는 영역은 4분면이고 MBTI 적성검사 결과도 ENFJ로 사회운동가형입니다. 저는 외부관계에 많은 시간과 에너지를 쏟았습니다. 각종 모임을 주도적으로 만들어 회장이나 총무를 한 적도 많았습니다. 당시에는 내가 정말 열심히 살고 있고 이렇게 바쁘게 살아야 성공으로 가는 지름길이라고 생각했습니다. 이로 인한 가족의 희생에 대해 무감각했거나 당연시했던 지난날을 반성합니다.

제가 어차피 관계를 지속적으로 유지·발전시킬 사람이 150명 정도라면 그렇게 바쁘게 살지는 않았을 겁니다. 그러나, 이러한 인간관계의 진실을 너무 늦게 알았습니다. 여러분들도 저와 같이 젊은 시절, 성공의 지름길로 인간관계를 넓히는 것이 가장 중요하다는 가치관을 가지고 있다면 재고해 보기 바랍니다. 그러나, 우리 주위에서 폭넓은 인간관계를 유지하기 위해 탁월한 역량을 보이는 분들도 있습니다. 핵심은 다양한 인간관계를 구분, 정리하고 어디에 초점을 맞춰 살아가는 것이 자신의 행복과 가장 직결되는지를 알아야 한다는 것입니다.

인간관계 / 네트워킹 매트릭스

1. 많은 수의 인간관계, 낮은 질적 깊이(1분면)	2. 적은 수의 인간관계, 높은 질적 깊이(2분면)
• 장점 : 다양한 사람들과의 접점을 통해 정보와 기회를 넓힐 수 있음 • 단점 : 관계가 피상적일 수 있으며, 진정한 지지와 신뢰를 얻기 어려움 • 직업군 : 영업, 마케팅, PR, 이벤트 기획자 등	• 장점 : 강력한 신뢰와 지지를 바탕으로 한 깊은 인간관계로 심리적 안정감을 제공함 • 단점 : 새로운 기회나 정보에 접근하기 어려울 수 있음 • 직업군 : 작가, 연구원, 치료사, 상담가 등 독립적이거나 깊은 사고와 집중이 요구되는 직종
3. 적은 수의 인간관계, 낮은 질적 깊이(3분면)	4. 많은 수의 인간관계, 높은 질적 깊이(4분면)
• 장점 : 개인의 시간과 자원을 관리하기 쉬움, 자유로움 • 단점 : 외로움을 느낄 수 있으며, 위기상황에서 도움을 받기 어려움 • 직업군 : 프리랜서, 원격 근무자, 과학자 등 혼자 일하는 것을 선호하거나 필요로 하는 직업	• 장점 : 다양한 지지와 자원에 접근할 수 있으며, 강력한 사회적 네트워크를 구축함 • 단점 : 많은 관계를 유지하기 위한 시간과 에너지가 필요함 • 직업군 : 리더십이 요구되는 직책, 사회운동가, 교육자, HR전문가 등 사람들과 긴밀하게 협력하고 영향력을 발휘해야 하는 직업

데일 카네기의 인간관계론

《인간관계론》으로 가장 유명한 학자는 데일 카네기입니다. 그가 1936년에 쓴 《인간관계론》은 인생 처세술의 원칙을 제시해 준 고전입니다. 데일 카네기 《인간관계론》은 전 세계에서 6,000만 부 이상 판매

되어 '성경 다음으로 많이 팔린 베스트셀러'입니다. '미국 의회 도서관'에서 실시한 설문조사에서 '미국 역사상 가장 영향력 있는 책' 7위에 올랐으며, 〈아메리칸 헤리티지〉에서 꼽은 미국인의 문화와 생활 특성을 만드는 데 가장 크게 기여한 책 10권에 선정되기도 했고 존 F. 케네디, 조지 부시, 버락 오바마, 워런 버핏 등 세계적인 리더들이 손꼽는 삶의 지침서이기도 합니다.

데일 카네기가 책과 강의를 통해서 강조한 인간관계의 원칙은 비판하지 말라, 칭찬과 감사를 표현하라 그리고 타인에 대하여 진정한 관심을 가져라입니다. 사람을 설득하는 방법으로 상대방의 관점에서 생각하고 논쟁보다는 합의점을 찾기 위해 노력하고 상대방이 원하는 것을 제공하는 방안을 제시합니다. 또한, 상대에게 영향력을 높이는 방법으로 이름을 기억하고 미소를 지으며 상대방의 말을 주의 깊게 듣고 이해하려는 태도를 보이라고 합니다. 마지막으로 리더십과 관련하여 상대방의 오류를 지적할 때는 간접적으로, 가급적 자신의 경험을 예로 들어 설명하고 자신의 실수를 인정하여 소통을 용이하게 하고, 상대방에게 중요한 일을 맡겨 그들의 능력을 인정하라고 합니다.

우리나라에도 강남구 역삼동에 데일카네기코리아라는 회사가 있습니다. 미국의 데일카네기트레이닝사는 90개국 이상 지역에 데일 카네기 교육프로그램을 공급하였습니다. 국내 많은 기업의 임직원들도 이 교육을 받았습니다. 제가 1990년 전후 기업교육 담당자로 근무하던 시기에도 이 교육은 교육비도 비싸고 인기가 높은 교육과정으로 수료한 분들이 프라이드를 느낀 교육으로 기억합니다. 특히 30대 영업직이라면 지금도 세일즈 프로그램에 참여해 볼 것을 제안합니다.

수원지방법원 판사를 하고 지금은 수원에서 변호사를 하는 친구가 있습니다. 고등학교 절친으로 40년 가까운 세월을 같이 했습니다. 친구는 가깝게 지내는 여러 친구들의 모임 주관자입니다. 보통 일주일에 한 번 정도 저녁식사 모임을 소집합니다. 가까이 사는 친구들 대부분은 이 친구가 카톡으로 소집하면 다 모여서 즐겁게 수다도 떨고 술도 마십니다. 정기적으로 소중한 친구들과의 관계를 유지하는 친구의 인간관계 지혜를 보면서 많이 배우게 됩니다. 평생 그렇게 해 주면 좋겠습니다. 참 소중한 친구입니다.

KT에서 임원을 하고 나온 친구와 같이 지방을 다녀오게 되었습니다. 운전은 제가 했는데 이 친구는 운전을 안 해서인지 저와 대화를 하다가 계속 친구들에게 전화를 걸어 안부인사를 나누었습니다. 들어보니 시간이 나면 습관적으로 본인이 인간관계를 지속시킬 대략적인 명단이 있고 주기적으로 전화와 문자, 간단한 선물 등을 하고 있다고 합니다. 참 대단하다고 칭찬을 해 주었는데 어쩌면 대기업의 임원들은 이런 교육을 받아서 철저히 실천하고 있구나 하는 생각이 들었습니다. 여러분들도 상화경영의 핵심 도구인 관계 리스트를 만들어 관리하기 바랍니다.

네이버 밴드, 카카오톡이나 페이스북에서도 등록된 많은 분들의 생일을 자동적으로 알려 주고 인사말을 보내든지, 또는 선물을 보내라고 엄청난 유혹을 보냅니다. 저도 생일이 되면 여러분들이 스타벅스 커피와 케익을 비롯하여 간단한 선물을 스마트폰으로 받습니다. 받으면 어쩔 수 없이 저도 보내야 하는 부담감이 커질 수밖에 없습니다. 쉽고도 불편한 세상입니다.

관계 유지에 필요하나 불편한 것이 명절에 보내는 선물입니다. 영업직의 경우 거래처 고객을 등급화하여 선물을 보내는 과정은 큰 업무입니다. 인간관계의 범위에 고객이 포함될 수도 있지만 지금 와서 생각하면 개인적으로는 의미가 적거나 없다고 생각합니다. 경조사에 다니는 것도 업무상 해야 하는 경우가 많지만, 실질적으로 업무를 떠나면 사실상 관계는 끝납니다. 유지 또는 발전되는 경우는 매우 적습니다. 그러니 이제부터라도 여러분들은 회사 업무상, 사업상의 관계 관리와 자신의 삶 속에서 지속적으로 유지해야 할 인간관계를 구분해서 처세를 할 줄 알아야 합니다.

지금 여기가 가장 중요하다

지금 주변이 가장 소중합니다. 당연히 가족이 최우선입니다. 앞에서 언급한 회사에서의 직장생활, 당시의 많은 동료와 고객 그리고 개인사업을 하는 동안 같이 근무한 직원들, 당시 소속된 단체와 동호회 사람들 모두 기억이 나는 분은 계시지만 계속 만나서 삶의 희로애락을 공유하지는 않습니다. 제 부모님이 돌아가실 때와 자녀들이 결혼할 때, 이전의 지인들에게 연락하기가 쉽지 않았습니다. 편하게 초대를 하고 상호 소통이 되는 분들은 지금 내 직장동료, 가입되어 있는 단체 회원 그리고 오래된 친구들이었습니다. 젊은 시절에 지출된 경조사비는 앞으로 신분상에 많은 변화가 있으므로 회수는 사실상 어려우니 마음을 비워야 합니다.

지난 시절에 저에게 큰 도움을 주셔서 평생 감사하며 살아야 할 분들은 분명히 있습니다. 그런 분들에게는 정기적인 문안 인사와 식사 초대 또는 선물을 보냅니다. 사실상 10명이 되지 않습니다. 자발적으로 경조사 참석 등 네트워킹 유지를 하여야 하는 분들은 대략 150명 이내입니다. 이분들과 관계를 유지하는 것은 매우 중요하고 필요합니다. 삶의 전문 영역에서 인정받은 분들이 많아 닮고 싶거나 존경을 하는 분들이어서 정보의 질이 다릅니다. 질문에 대한 답변의 신뢰도도 매우 높습니다. 그래서 사업경영, 재테크나 갈등관리의 지혜를 배우기 위해 저 또한 이 네트워킹에서 이탈되지 않도록 제 역할을 충실히 합니다.

마지막으로 수직적인 인간관계는 그리 오래가지 않습니다. 가급적 수평적인 관계를 확대해야 합니다. 예를 들어 학교 선후배, 군대 선후임보다는 당연히 동기가 좋습니다. 직장에서도 입사 동기가 우선입니다. 사회에 나와서도 대학원에서 석사나 박사학위를 같이 받은 동기나 공인 자격사 동기 그리고 봉사단체와 동호회 회원 등이 상대적으로 오래 지속될 수 있습니다. 반대로 새로운 인간관계를 만들기 위해서는 이러한 수평적인 관계가 가능한 교육, 봉사, 동호회 등에 가입을 하는 방법을 추천합니다.

성공에 이르는 지름길로 워런버핏은 '닮고 싶은 사람들이 모여 있는 데로 가라'라고 조언합니다. 저 또한 그런 인간관계와 커뮤니티에 진입하거나 유지하려고 많은 노력을 한 만큼 버핏의 충고에 동의합니다.

상화경영은 오케스트라 경영과 유사하다고 했습니다. 오케스트라의 각 연주자는 이미 각자의 분야에서 프로이자 스페셜리스트입니다. 이렇게 자기만의 영역에서 어느 정도의 전문성과 인격을 갖춘 사람들을 조직화하고 시너지를 만들어 내는 경영방식으로 상화경영을 추천합니다. 상화경영은 그룹보다는 1:1 미팅을 통해 상호 간의 파트너십 신뢰도를 제고합니다. 관계 리스트에 있는 소중한 사람과 올림픽 공원 산책길을 2시간 정도 걷는 것이 여러 사람과 어울리는 회식보다 라포를 형성하는데 훨씬 효과적입니다. 나이와 직급이 아래인 사람에게는 최대한 수평적 사고를 확대해야 합니다.

19

건강관리와
웰빙

건강관리와 연결된 개념으로 웰빙과 웰다잉이란 용어가 트렌디합니다. 이화여대 학생상담 센터에서 소개하는 웰빙은 '복지, 행복, 안녕'을 뜻하는 말로 삶의 만족도 또는 행복과 직결되며, 이를 주관적 웰빙(subjective well-being)과 심리적 웰빙(psychological well-being)으로 구분하기도 합니다. 주관적 웰빙은 부정적 감정은 피하고 긍정적 감정을 유지하면서 전체적으로 삶의 기쁨과 만족감을 느끼는 것을 중시합니다. 심리적 웰빙은 삶의 의미를 발견하고 긍정적인 대인관계를 형성하고 자신을 있는 그대로 수용하여 온전한 자아실현을 이루기 위해 도덕적이고 성숙한 삶을 추구하는 것을 의미합니다.

웰다잉은 생(生)과 사(死)를 다루는 인생의 인문학으로서 살아온 날을 아름답게 정리하는, 평안한 삶의 마무리를 일컫는 말입니다. 고령화와 가족 해체 등 여러 사회적 요인과 맞물려 등장한 현상으로 삶의 마지막이자 가장 중요한 길이라 할 수 있는 죽음을 스스로 미리 준비하는 것은 자신의 삶을 뜻깊게 보낼 뿐 아니라 남아 있는 가족들에게도 도움이 된다는 인식이 확산되면서 나타났습니다. 우리나라도 2019년 2월 4일부터 임종을 앞둔 환자에 한해서 자신의 생의 마지막을 결정할 수 있는 연명의료 결정법이 시행되고 있습니다.

요즘 대부분의 사람들이 행복하기 위해 스스로 노력하며 웰빙을 추구하는 사람들이 늘어나고 있습니다. 우리는 이들을 '웰빙족'이라 부릅니다. 이들은 고기 대신 생선과 유기농산물을 즐기고 단전호흡·요가·명상 등 마음을 안정시킬 수 있는 운동을 합니다. 외식보다는 가정에서 만든 슬로푸드를 즐겨 먹고 여행·등산·독서 등 취미생활을 즐기는 특징을 가집니다.

웰빙을 위한 대표적인 방법론으로 운동하기, 건강한 관계 맺기, 배우기, 봉사하기, 주변 돌아보기 등을 추천합니다. 방법은 알지만 실천하기는 쉽지 않습니다. 특히 젊을 때는 이런 정신적 여유가 부족하기 때문에 대부분 일과 가정생활에서의 밸런스도 무너지기 쉽고 특히 목표를 달성하기 위해 앞만 보고 뛰기 때문에 자신의 건강은 뒷전으로 팽개치게 됩니다. 어느 날 갑자기 주위의 친구나 직장동료가 죽었다는 소식을 접하더라도 안타까운 마음은 들지만 자신에게는 절대 일어나지 않을 확신에 우연한 해프닝으로 치부하게 됩니다. 그러나, 자신의 심신을 함부로 다루어 한계선을 넘으면 한순간에 모든 것을 잃게 됩니다.

2008년 겨울, 저 또한 원인을 모르는 복통으로 동네병원을 거쳐 종합병원 응급실을 드나들길 서너 차례, 결국 입원을 한 적이 있습니다. CT와 MRI, 초음파까지 제 병을 알아내기 위한 검사만 약 2주 이상 한 것 같습니다. 전혀 먹지 못하고 주사액으로 버티니 몸의 근육이 빠져나가기 시작하였습니다. 허벅지와 종아리 근육이 쭈글쭈글해지니 기분마저 상했습니다. 친구들과 지인들이 병문안을 오면서 아내에게 치료비에 보태라고 봉투를 주고 가는데 봉투 안 금액이 생각보다 너무 커서 아내가 당황했다고 합니다. 나중에서야 이유를 알게 되었는데 제가 췌장암에 걸린 것 같고 예후가 안 좋은 암이라 그렇게들 했다고 합니다.

아프면 결국 혼자다

병원 항암동에서는 한 달 정도 있었던 것 같습니다. 처음에는 병실이 없어서 2인실에 있다가 나중에는 6인실에 있게 되었습니다. 암 병동에 직접 가족이 간병을 하는 경우는 거의 없습니다. 대부분 간병인이 간호를 합니다. 병 치료에서 간병인이 얼마나 중요한지, 간병비가 얼마나 많이 드는지 그때 알게 되었습니다. 제 병실에 창가 쪽에 계신 환자분이 충남 부여 분이었는데 서울까지 와서 수술을 하다 보니 유일하게 아내분이 조석으로 극진하게 간병을 하셨습니다. 저는 아내가 집에서 아이 둘을 케어해야 하고 아직 수술 전이라 병실에 혼자 있게 되었습니다. 병실은 저녁 8시만 되어도 조용하고 어둡습니다. 병실에서 건너편 부부의 모습과 나머지 혼자 있는 환자들을 보면서 여러 생각을 합니다. 아프면 주위에 가족이 있는 경우가 거의 없으니 결국 혼자구나 하는 생각에 삶이 서러웠습니다.

다행히 암은 아니고 담석제거 수술을 하고 경과를 살펴보았습니다. 수술실에 들어가는 과정도 만만치 않았습니다. 마취과에서 심전도 검사 결과가 안 좋다고 바로 수술이 불가하다는 입장을 표명해서 심장 관상동맥 검사를 하게 되었습니다. 일단 병원에 입원하면 환자의 의견은 없습니다. 가족 역시 의사의 말에 따를 수밖에 없는, 정보 불균형이 가장 심한 조직이 병원입니다. 다행히 스텐트 삽입은 없었고 뚫은 동맥혈관을 지혈해야 해서 고열에 이틀을 보내야 했습니다. 그렇게 어려운 과정을 거쳐 수술실에 들어가는데 학교에 간 아이들을 보지 못하고 아내 손만 잡고 헤어지니 그날 장면을 지금도 잊지 못하고 있습니다. 여러분 가족 중에 누군가 큰 수술을 하게 되면 세상일은 아무도 모르니 꼭 가서서 손을 잡고 인사를 하기 바랍니다.

건강은 타고나는 것이라고 합니다. 부모의 유전인자가 그만큼 중요하다는 의미입니다. 보험을 들 때나 건강검진 문진표를 작성할 경우에도 부모님이 어떤 병으로 돌아가셨는지 작성하도록 되어 있습니다. 저 같은 경우에는 두 분 모두 암으로 세상을 떠나셨습니다. 아버지는 전립선암으로, 어머니는 췌장암으로 돌아가셨는데 이는 자식들, 나아가 손자에게까지 유전적으로 영향을 준다고 합니다.

아버지 주치의는 제 중학교 친구였습니다. 아버지 병을 치료하면서 전립선암은 유전가능성이 높은 암이니 항상 건강검진에서 필수적으로 검사를 하라는 조언을 받고 지금도 매년 건강검진에서 전립선 수치 정상 여부를 확인하고 있습니다. 제 막내도 마찬가지입니다.

이런 큰 병에 걸리지 않고 건강하게 나이가 든다는 것은 큰 행복입니다. 그러나 대부분 시기의 차이는 있을지 몰라도 간이나 심혈관, 고혈압이나 당뇨 등으로 병원 신세를 집니다. 젊을 때 한 번 정도 병에 걸려 수술을 하고 퇴원하면 세상을 다시 사는 기분이 듭니다. 전과는 다르게 건강관리에 신경을 쓰고 운동이나 스트레스를 덜 받기 위해 노력을 합니다. 주위를 돌아보게 되고 감사의 마음이 커지며 종교 생활이나 자연을 즐기는 여행도 많아지게 되는 것 같습니다. 저는 가족에 대한 소중함도 커진 것 같습니다.

자기 몸에 대한 자유가 한계치를 넘어가면 그 대가를 치러야 합니다. 젊은 시절 빠질 수 있는 카지노나 경마장 등 도박중독, 접대를 핑계로 음주가무에 빠진 소위 룸살롱 중독, 대인기피증까지 생기는 게임 중독 등을 피하는 것이 가장 중요합니다. 주위에 그런 친구가 있다면 무조건 멀리하여야 합니다. 한번 빠진 친구는 헤쳐 나오기가 쉽지 않습니다. 한때 잘나가던 세무사무실을 운영하던 친구가 도박중독에 빠져 주위에 피해를 주고 감옥살이를 했습니다. 어느 날 우연히 돼지갈비 식당에서 숯불을 피우는 직원으로 만났는데 참담하다 보니 말도 안 나왔습니다.

연령별 5대 사망원인

통계청에서 발표한 2022년 사망원인 통계 결과를 보면 '22년 우리 나라 사망자 수는 372,939명이고 조사망률(인구 10만 명당 사망자 수)은 727.6명으로 2021년 대비 17.6% 증가하였습니다. 코로나 영향이 사망자 수나 사망률에 영향을 미친 해이긴 합니다. 조사망률은 2009년 이후 계속 증가추세를 보이고 있습니다. 3대 사망원인은 암, 심장질환, 코로나19입니다. 10대 사망원인은 암, 심장질환, 코로나19, 폐렴, 뇌혈관 질환, 고의적 자해(자살), 알츠하이머병, 당뇨병, 고혈압성 질환, 간 질환 순입니다.

눈에 띄는 사망원인으로는 알츠하이머입니다. 치매에 의한 사망률이 전년대비 큰 폭으로 증가했습니다. 여자가 남자보다 2.2배나 높다는 점을 주목합니다. 암은 사망원인 부동의 1위입니다. 사망원인으로 암을 자세히 살펴보면 폐암 사망자 수가 가장 많고 다음이 간암, 대장암, 췌장암, 위암 순입니다. 알츠하이머, 폐렴, 폐암에 특히 유념하여 건강검진 및 관리를 해야 하겠습니다. 사망률 성비는(남자 사망률/여자 사망률) 전 연령층에서 남자가 높으며, 60대가 2.7배로 가장 높습니다. 2022년 60대 남자 사망자 수는 인구 10만 명당 997명인데 60대 여자 사망자 수는 371명입니다. 소위 60대 남자는 특히 건강관리에 신경을 많이 써야 함과 동시에 60대 여자는 갑자기 혼자 남게 되는 경우가 많아진다고 볼 수 있습니다.

10~30대 사망원인 1위는 고의적 자해(자살)입니다. 우리나라 노인 자살률이 OECD 국가 중 1위라는 불명예가 있는데 청년 사망원인 또한 자살이 1위라는 지표는 국민 행복과 관련하여 많이 동떨어져 있는 것입니다. 특히 일반 질병사망보다도 운수사고로 사망한 수가 10~30세 구간에 3위를 차지하고 있다는 점도 놀라운 사실입니다. 인구 감소로 나라의 미래가 어려운 상황인데 청년들이 자살이나 교통사고로 사망하는 비율이 이렇게 높아서는 절대 안 되겠습니다.

나이가 들어가면서 고의적 자해나 운수사고 사망자 수는 줄어들고 대신 암과 심장질환 등이 빠른 속도로 증가하기 시작합니다. 특히 60대에는 뇌혈관 질환도 3위를 차지하니 순환계통의 건강검진을 통하여 예방에 신경 써야 합니다. 70세 이후에는 폐렴으로 사망자 수가 증가하니 연세가 있는 분들은 미리미리 동네병원에서 쉽게 접종할 수 있는 폐렴구균 예방주사를 맞아야겠습니다. 최근에 동네병원에 갔더니 폐렴구균 예방접종 외에도 대상포진, 비타민, 독감 등 예방주사 종류도 다양하게 많았습니다. 병원이나 한의원과 좀 더 친하게 지낼 나이가 된 것입니다.

60세 이후 몸의 변화

환갑이 넘으면서 몸의 변화가 확실히 느껴집니다. 고혈압이나 당뇨병과 같은 질환은 60세 이전에 걸려서 약이나 치료를 받고 있는 친구가 있고 60세 이후에는 심부전증이나 고지혈증 치료 약을 먹게 되는 친구들이 늘어납니다. 큰 변화는 세 가지가 있습니다. 하나는 정형외과나 한의원에서의 관절이나 통증 치료입니다. 특히 여성의 경우가 더 많이 치료를 받는 것 같습니다. 골다공증 관련 출산한 여성의 경우 뼈가 약하다 보니 근육량이 줄면서 통증이 심해져 병원을 매일 가는 분들이 많습니다. 저 또한 아내가 식당 일을 오래 하다 보니 한의원을 같이 가야 하는 일수가 계속 늘어납니다. 아내가 병원을 가는 날은 귀찮더라도 티를 안 내고 잘 모시고 다녀옵니다. 이전에 많이 혼난 학습효과가 있다 보니 이제는 잘하려고 노력합니다.

두 번째 변화는 명사가 잘 떠오르지 않습니다. 이름은 물론이고 지명이나 업무상 필요한 용어조차도 잘 떠오르지 않아 메모하는 것이 습관이 됩니다. 부부도 회사 동료도 말을 하다가 명사가 떠오르지 않을 때, 서로의 눈을 보면서 안다는 제스처를 주어 그 순간을 넘어갑니다. 돌아서면 잊어 먹는다는 것이 실감이 납니다. 마지막 세 번째는 치과치료입니다. 임플란트 치료가 늘어나게 되고 치과를 예전보다 자주 가게 됩니다. 치아 치료는 상대적으로 돈이 많이 들어갑니다. 잇몸도 약해지고 음식물을 씹는 기능도 약해져서 송해 선생님의 건강비결에서 나온 것처럼 노후에는 치과 정기 치료가 필수입니다.

장애인 부모의 눈물과 헌신 그리고 용기

우리 주위에는 태어날 때부터 선천적으로 장애를 가진 친구들 그리고 그 부모들이 있습니다. 우리나라 장애인 등록현황을 살펴보면 2022년 말 기준으로 약 265만 명으로 전체 인구의 5% 정도입니다. 이중에서 발달장애인 수는 약 20% 정도인 51만 명입니다. 2023 국정감사에서 김영주 의원은 "미숙아, 선천성 이상아들의 장애 발생을 예방하고 건강한 성장을 위해서는 적절한 치료와 의료적 지원이 필수적이나 치료 병상과 전공의가 부족하다."는 발언을 하였습니다.

제 주변에도 장애가 있는 자녀가 지역사회에서 통합하여 살아가도록 교육하고 노력하는 부모님들이 많이 있습니다. 정부의 정책적 지원은 한계가 있습니다. 보육의 어려움을 이겨 내고 있는 장애인 양육 가정의 행복에도 우리 모두 관심을 가져야 합니다.

꿈고래사회적협동조합 임신화 이사장, 제가 존경하고 응원하는 분입니다. 임신화 이사장을 돕는 많은 분들이 계시지만 김은선 수원시 이종협동조합연합회 회장의 지원에도 늘 감동을 받고 있습니다. 국민에게 큰 감동을 준 〈이상한 변호사, 우영우〉 드라마는 자폐를 가진 아이들을 키우는 부모님들의 고통과 헌신에 대해 많이 알게 된 계기가 되었습니다. 발달장애를 가진 아이들, 임 이사장은 이제 아이들 교육을 지나 성인으로서 살아갈 수 있도록 일터, 드림웨일 테라포를 운영하고 있습니다. '진격의 임 여사'를 응원합니다.

건강관리, 웰빙과 웰다잉을 상징하는 건배사가 있습니다. 많은 분들이 아는 '99881234'입니다. 99세까지 88하게 살다가 하루 이틀(1,2) 앓고 삼(3)일 만에 죽자(4). 참 멋지고 유머감 있는 건배사입니다. 이 건배사를 응용한 다양한 건배사가 있습니다. 9988 껄껄껄(참을 껄, 베풀 껄, 즐길 껄), 9988 마무리(마음으로 생각한 것은 무엇이든지 이루어진다), 9988 쾌쾌쾌(유쾌, 상쾌, 통쾌), 9988 오징어(오랫동안 징그럽게 어울리자), 9988 빠삐용(빠지지 말고, 삐지지 말고, 용서하며 삽시다) 등 이런 삶이 웰빙 아닐까요. 건강을 지키는 것이 가족에 대한 최고의 사랑입니다.

웰빙

20

지속가능성
패러다임(Sustainablity Paradigm)

SDGs(Sustainable Development Goals, 지속가능한 개발 목표)는 유엔(UN)이 2015년에 채택한 글로벌 목표로, 2030년까지 달성하기 위해 전 세계가 협력해야 하는 17개의 목표와 169개의 세부 목표로 구성되어 있습니다. 이 목표들은 지구의 지속가능한 발전을 촉진하기 위해 경제적, 사회적, 환경적인 문제들을 포괄적으로 다룹니다. SDGs 는 모든 국가가 공평하게 참여하고, 누구도 소외되지 않는 세계를 만들기 위한 글로벌 노력의 일환입니다.

코로나 시기에 제가 살고 있는 성남시에서 지속가능위원회 위원으로 3년간 활동을 한 적이 있습니다. 환경에 대한 사업 참여가 많았으며 제로웨이스트 점포들을 방문하여 체험해 본 것이 보람이 있었습니다. 이러한 활동을 하면서 쓰레기 분리수거에 대해서도 전과는 다른 철저함이 생겼고 1회용 용기나 비닐봉지 대신에 텀블러 사용이나 플로깅(plogging: 조깅 + 쓰레기 수거) 봉사에 자발적 참여를 하게 되었습니다. 사회적경제 컨설턴트로 위촉되어 방문했던 도봉구의 아름다운 가게의 가치를 재확인하는 계기도 되었습니다.

(재)아름다운가게는 국내 대표 비영리공익재단으로 우리 사회의 생태적, 친환경적 변화에 기여하고 국내외 소외계층 및 공익활동을 지원하며 시민의식 성장과 풀뿌리공동체 발전을 위해 노력하는 조직입니다. 물품 기부, 후원, 봉사 등 다양한 참여로 나눔의 가치를 전파하고 자원의 재순환을 통해 세상의 생명을 연장하는 가치를 추구합니다. 이러한 선한 영향력을 가진 운동들이 제로웨이스트 운동으로까지 연결되고 있는 점은 고무적입니다.

제로웨이스트 국제동맹(Zero Waste International Alliance, ZWIA)은 제로웨이스트를 모든 제품, 포장 및 자재를 태우지 않고, 환경이나 인간의 건강을 위협할 수 있는 토지, 해양, 공기로 배출하지 않으며 책임 있는 생산, 소비, 재사용 및 회수를 통해 모든 자원을 보존하는 것으로 정의합니다. 제로웨이스트는 제품의 흐름을 크게 바꾸어 낭비가 없는 사회를 목표로 재활용과 재사용을 통해 폐기물을 없애는 것 이상의 것을 포함합니다. 폐기물을 줄이기 위한 생산·유통 시스템의 재구축에 힘을 쏟고 있으며 폐기물을 없애기 위한 지속적 가이드라인 원칙을 제공하면서 정부의 규제 필요성을 촉구합니다. 이미 우리 주위에는 지구샵이나 알맹상점 등 제로웨이스트 점포와 실천사례를 쉽게 목격할 수 있습니다.

지속가능성 관련 주요 목표

창업 관련 전문가로 활동을 하고 있었기 때문에 한국청년기업가정 신재단에서 주관한 기업가정신 관련 교육프로그램에 처음부터 참여 했습니다. 당시 강의를 하신 서울과학기술대학교 이채원 교수로부터 많은 가르침을 받았습니다. 새로운 모색과 창조, 벤처 디스커버리, 기 업가정신의 이해, 사내혁신 전 교육프로그램을 수료하였고 마스터라 는 자격도 얻었습니다. 지금 생각해도 기업가정신을 체계적으로 배울 수 있는 매우 유익한 교육이었습니다. 지금도 교육과정은 하고 있으 니 관심 있는 분들은 참여해 보기 바랍니다.

이런 교육과정으로 저변이 넓어지고 이후 기업가정신학회가 출범 합니다. 시대정신으로 기업가정신이 부각된 만큼 자연적인 흐름이었 고 다소 늦은 감도 있었습니다. 현재 학회의 부회장으로 있습니다만 초대 회장을 하신 서울시립대학교 이춘우 교수에게 큰 감사를 드립니 다. 학회를 이끄신 리더십에 크게 감동을 받았고 제가 창업과 기업가 정신 분야에 매진하는 데 큰 도움을 주었습니다.

이와는 별도로 전국의 많은 창업 관련 교수들이 모여 있는 협의회 에서 주관한 사회적기업가정신 교육전문가과정 강의를 들었는데 이 때 역시 이채원 교수의 강의가 있었습니다. 당시에 소셜벤처 창업이 붐이었는데 창업 아이템을 발굴하는 원천으로서 SDGs(Sustainable Development Goals, 지속가능한 개발 목표)를 배우게 됩니다. 이런 교육이 인연으로 연결되어 서울과학기술대학교에서 2018년 학부 강의를 하기도 하였습니다.

출처: 한국청년기업가정신재단(koef.or.kr)

SDGs의 주요 목표들은 다음과 같습니다.

1. **빈곤 종식**: 모든 형태의 빈곤을 종식시키는 것을 목표로 합니다.
2. **기아 종식**: 모든 사람의 식량 안보를 보장하고, 영양 상태를 개선하며, 지속가능한 농업을 촉진합니다.
3. **건강한 삶과 복지 증진**: 모든 연령대의 사람들이 건강하고 복지를 누릴 수 있도록 합니다.
4. **질 좋은 교육 보장**: 모든 사람에게 포괄적이고 공평한 질 좋은 교육을 제공하고, 평생 학습 기회를 촉진합니다.
5. **성 평등 실현**: 성별 격차를 없애고 모든 여성과 소녀의 권리를 강화합니다.
6. **깨끗한 물과 위생**: 모든 사람이 깨끗한 물과 위생을 접근할 수

있도록 합니다.

7. **저렴하고 깨끗한 에너지**: 모두에게 저렴하고, 신뢰할 수 있으며, 지속가능하고, 현대적인 에너지를 제공합니다.

8. **양질의 일자리와 경제 성장**: 지속가능한 경제 성장을 촉진하고, 포괄적이며 지속가능한 일자리를 창출합니다.

9. **산업, 혁신, 인프라 구축**: 회복력 있는 인프라를 구축하고, 포괄적이고 지속가능한 산업화를 촉진하며, 혁신을 장려합니다.

10. **불평등 감소**: 국가 내외의 불평등을 감소시킵니다.

11. **지속가능한 도시와 커뮤니티**: 포괄적이고 안전하며, 회복력 있고 지속가능한 도시와 인간 정주를 만듭니다.

12. **책임 있는 소비와 생산**: 지속가능한 소비와 생산 패턴을 보장합니다.

13. **기후 변화 대응**: 기후 변화와 그 영향에 대응하는 긴급한 조치를 취합니다.

14. **해양 보호**: 지속가능한 방식으로 해양과 해양 자원을 보존하고 지속가능하게 사용합니다.

15. **육지 생태계 보호**: 육지 생태계를 보호, 복원하고 지속가능한 사용을 촉진합니다.

16. **평화, 정의, 강력한 제도**: 평화롭고 포괄적인 사회를 증진하고, 모든 사람에게 정의에 대한 접근을 제공하며, 효과적이고 책임 있는 제도를 구축합니다.

17. **파트너십으로 목표 달성**: 지속가능한 개발을 위한 글로벌 파트너십을 강화합니다.

지속가능발전〇목표

SDGs는 세계 각국이 공동으로 노력해야 할 글로벌 목표를 설정함으로써, 지속가능한 미래를 위한 국제 사회의 행동 계획을 제공합니다. 이는 개별 국가의 정책, 기업의 전략, 시민사회의 활동 등 모든 수준에서 지속가능한 발전을 추구하는 데 중요한 기준이 됩니다.

그레타 툰베리(Greta Thunberg)는 스웨덴의 환경 운동가로, 기후 변화에 대한 글로벌 인식을 높이고 행동을 촉구하는 데 중요한 역할을 해 온 인물입니다. 2003년생인 그레타는 8살이란 어린 나이에 기후위기에 대한 강력한 목소리를 내기 시작했으며, 특히 청소년들 사이에서 큰 영향력을 발휘하고 있습니다.

그레타의 활동은 2018년에 스웨덴 의회 앞에서 시작된 '학교 파업을 통한 기후 변화 대응(Fridays for Future)' 캠페인으로부터 시작됩니다. 그녀는 매주 금요일마다 학교 수업을 거부하고 스웨덴 의회 앞에서 단독 시위를 벌여 기후 변화에 대한 즉각적인 조치를 촉구했습니다. 이러한 그녀의 행동은 전 세계적으로 확산되어 수많은 학생들과 청소년들이 기후 변화 대응을 위한 글로벌 운동에 참여하게 만들었습니다.

그레타 툰베리는 유엔 기후 행동 정상회의, 유럽 의회, 세계 경제 포럼 등 여러 국제 무대에서 연설을 하며 기후위기에 대한 강력한 메시지를 전달했습니다.

그레타는 기후위기에 대응하기 위해 즉각적이고 구체적인 행동을 촉구합니다. 그녀는 파리 기후 협약과 같은 국제적인 합의를 충실히 이행하고, 온실가스 배출을 대폭 감축하기 위한 실질적인 방안을 모색할 것을 요구합니다. 또한, 재생 가능 에너지로의 전환, 탄소 배출 감소를 위한 정책 수립, 자연 보호 및 복원 등 다양한 분야에서 행동할 것을 강조합니다.

그레타는 기후 변화에 대한 강력한 행동을 촉구하면서, 정치 지도자들과 기업들이 책임을 회피하고 있음을 비판해 왔습니다. 그녀는 특히 기후위기를 해결하기 위한 실질적인 조치가 시급함을 강조하며, 기후 변화 대응을 위한 글로벌 협력과 구체적인 행동 계획의 중요성을 강조해 왔습니다.

그레타는 특히 젊은 세대와 미래세대를 위한 정의를 강조합니다. 그녀는 현재의 행동이나 부재가 미래세대에게 불공정한 부담을 지우고 있다고 말하며, 이들의 목소리가 결정 과정에서 충분히 반영되어야 한다고 주장합니다.

자본주의 4.0 시대

기업의 목적과 역할은 시대와 사회의 경제적, 기술적, 문화적 변화에 따라 진화해 왔습니다. 이러한 변화를 최근에는 자본주의 4.0이란 개념으로 설명하고 있습니다. '자본주의 4.0'이라는 용어는 영국의 저널리스트이며 경제평론가인 아나톨 칼레즈키(Anatole Kaletsky)가 처음 사용한 것으로, 자본주의가 고정된 제도들의 집합이 아니라, 위기를 통해 재탄생되고 재건되며 진화하는 시스템이라는 전제하에, 소프트웨어의 버전방식에 따라 아래와 같이 분류합니다.

각 자본주의의 새로운 버전은 1803~1815년 나폴레옹 전쟁, 1930년대 경제위기, 1970년대 경제위기라는 역사적 사건들이 전환의 촉매제 역할을 하였으며, 자본주의의 네 번째 시스템 전환자본주의 4.0의 계기가 된 사건은 2007년부터 일어난 일련의 글로벌 금융위기들로, 아나톨 칼레츠키는 가장 최근의 전환점으로 "2008년 9월 16일 무너진 것은 단지 하나의 투자은행이나 금융시스템이 아니다. 정치철학과 경제시스템 전체이며, 이 세상을 바라보는 방식과 이 세상에서 살아가는 방식이다."라고 역설합니다.

자본주의 변화에 따른 구분

분류	시기	주요 인물	특징
자본주의 1.0	애덤 스미스 ~ 1929년 세계 대공황	애덤 스미스, 해밀턴, 막스 후버	자유방임주의 "정부는 시장에 개입하지 않는다."
자본주의 2.0	1930년대 뉴딜정책 시기 ~ 1970년대 석유파동	루스벨트, 케인즈, 닉슨, 카터	수정자본주의 "정부가 경제를 살렸다. 정부는 언제나 옳다."
자본주의 3.0	1980년대 신자유주의 ~ 2008년 금융위기	대처, 레이건 부시, 그린스펀	신자유주의 "시장은 언제나 옳다."
자본주의 4.0	2008년 세계 금융위기 이후	아나톨 칼레츠키	따뜻한 자본주의 "정부는 시장과 유기적인 상호작용을 이뤄가야 한다."

자료 : 예금보험공사

이러한 기업 목적의 변화는 기업이 단순한 경제적 이익추구 집단에서 사회적, 환경적 영향력을 가진 중요한 주체로 인식되기 시작했다는 것을 의미합니다. 오늘날 기업은 이해관계자의 다양한 요구를 충족시키며, 지속가능한 발전을 위한 책임과 역할을 수행해야 하는 위치에 있습니다.

지속가능성에 대한 개념을 정립하기 위해 최근 경영 트렌드인 기업의 사회적 책임(CSR)과 이해관계자 경영(ESG)은 다음과 같습니다.

기업의 사회적 책임(CSR)이란 기업이 주주(shareholder)에 대한 법적인 기대책임 이상으로 종업원, 소비자, 해당 지역사회 등 이해관계자(stakeholder)에게 지는 도의적, 윤리적 책임을 의미합니다. 이는 기업이 이윤 추구뿐만 아니라, 사회적 가치 창출에 기여하고 지역사회와 환경에 긍정적 영향을 미치는 것을 목표로 합니다. 우리가 알고 있는 삼성, 현대, LG 등 국내 대기업집단은 매년 엄청난 금액을 지역사회 발전과 취약계층 지원 등 사회적 책임을 수행하는 데 기여하고 있습니다.

기업의 사회적 책임(Corporate Social Responsibility, CSR)을 강조한 가장 유명한 학자 중 한 명은 미국의 경제학자 하워드 보웬(Howard R. Bowen)입니다. 하워드 보웬은 종종 "현대 CSR의 아버지"라고 불리며, 1953년에 출판한 《사회의 책임: 비즈니스맨의 의무》(Social Responsibilities of the Businessman)라는 저서를 통해 기업의 사회적 책임에 대한 현대적 개념을 정립하는 데 큰 기여를 했습니다. 보웬의 저서는 기업이 이윤 추구뿐만 아니라 사회 전반에 대해 책임을 져야 한다는 개념을 전파했습니다. 그는 기업이 경제적 성과를 넘어 사회적 성과도 고려해야 하며, 기업 결정이 광범위한 이해관계자들, 즉 직원, 고객, 지역사회 및 환경에 미치는 영향을 인식하고 그에 대한 책임을 져야 한다고 주장했습니다.

에드워드 프리먼(R. Edward Freeman)은 이해관계자 이론(Stakeholder Theory)의 아버지로 알려져 있습니다. 그의 이론은 기업이 주주뿐만 아니라 모든 이해관계자의 이익을 고려해야 한다고 주장합니다. 이러한 관점은 CSR을 더 넓은 맥락에서 이해하고 실천하는 데 중요한 기반이 됩니다. 마이클 포터와 마크 크레이머(Mark R. Kramer)는 "공유 가치 창출(Creating Shared Value, CSV)"이라는 개념을 제시했습니다. 이는 기업이 경제적 가치를 창출하는 동시에 사회적 가치도 함께 창출할 수 있다는 관점을 강조합니다. 이 개념은 CSR을 넘어서 기업이 사회적 문제 해결에 기여할 수 있는 방법을 모색합니다.

ESG(Environmental, Social, & Governance)라는 용어는 2005년 UN과 스위스 연방외무성에서 공동 집필된 〈The Global Compact: Who Cares Wins〉라는 기념비적인 연구보고서에서 처음 등장하였습니다. 이 보고서의 주 저자는 지속가능 재무분야 전문가인 아이보 노플(Ivo Knoepfel) 박사입니다. 환경, 사회, 거버넌스 요소를 자본시장에 이식한다면 지속가능한 시장과 사회 기여도 측면에서 더 좋은 성과를 얻게 된다는 결론을 도출하고 있습니다.

이후, 2006년 국제 투자기관 연합인 UN PRI가 금융투자 원칙으로 ESG를 강조하면서 오늘날 기업 경영에서 강조되는 ESG 프레임워크의 초석을 제시하였습니다. 이에 더하여 자본주의 4.0 및 이해관계자 자본주의 담론이 등장하였으며, 코로나 19 사태를 겪으면서 기후변화, 공중보건, 환경 보호 등 ESG 이슈에 대한 관심이 증가하였습니다. 이러한 흐름에 따라 세계적 자산운용사 BlackRock을 대표로 전 세계의 연기금이 장기 투자 측면에서 기업의 ESG 정보를 적극적으로 활용하는 ESG 투자를 공표하면서 ESG 경영이 주류로 편입되었습니다.

ESG 경영을 촉발한 원인과 배경은 기후 변화, 생물 다양성의 감소, 자원 고갈 등 환경적 위기가 심각해짐에 따라, 기업이 환경에 미치는 영향과 그 책임을 인식하기 시작하였고 소비자, 투자자 그리고 사회 전반에서 기업에 대한 기대가 단순한 이윤 창출을 넘어서 사회적 책임과 윤리적 행동을 요구하기 시작한 것입니다. 기업 스캔들과 부정부패 사건들이 불거지면서, 기업의 투명성과 책임 있는 지배구조에 대한 중요성이 강조되고, 많은 국가들이 환경 보호, 사회적 책임, 지배구조 개선을 위한 법률과 규제를 도입하고 있으며, 이는 기업의 생존과 직결되어 ESG 경영을 채택하도록 강제하고 있습니다.

ESG경영

출처: 한국거래소(KRX) ESG 포털

기업의 사회적 책임(CSR)과 ESG 경영은 어떤 차이가 있을까요? CSR은 주로 사회적 기여와 자발적 노력에 중점을 두는 반면, ESG는 기업 경영의 모든 측면에 환경, 사회, 지배구조 요소를 통합하는 더 넓은 범위의 접근 방식입니다. ESG는 기업 전략의 핵심 부분으로, 기업의 장기적 성공과 지속가능성에 필수적인 요소로 간주됩니다. CSR은 중요한 부분이지만, 때때로 별도의 사회 공헌 활동으로 취급될 수 있습니다. ESG는 성과를 측정하고 보고하는 구체적인 지표와 기준을 강조하는 반면, CSR 활동은 종종 정량화하기 어려운 긍정적 사회적 영향에 초점을 맞춥니다.

ESG 경영 사례

최근 기업 경영에 가장 중요한 화두인 CSR, ESG 개념에 대해 간단히 정리를 했습니다만 이해를 돕기 위해 파타고니아와 스타벅스 기업의 사례를 소개하겠습니다.

파타고니아(Patagonia)는 환경 보호와 지속가능성을 중심으로 하는 비즈니스모델을 통해 전 세계적으로 인정받는 아웃도어 의류 브랜드입니다. 이 회사는 창립 이래로 환경 보호를 기업 문화와 사명의 핵심으로 삼아 왔으며, 이는 제품 설계에서부터 생산, 판매 그리고 이익의 사용에 이르기까지 모든 비즈니스 과정에 반영되고 있습니다. "유행을 팔지 않습니다, 버리지 말고 입으세요." 지구를 살리는 '파타고니아'의 멋진 슬로건입니다.

파타고니아는 제품을 만들 때 환경에 미치는 영향을 최소화하기 위해 지속가능한 소재를 사용합니다. 이를 위해 유기농 면, 리사이클

폴리에스터 그리고 재생 가능한 자원에서 얻은 소재를 사용하여 의류를 제작합니다. 또한, 파타고니아는 소재의 추적 가능성을 높이고, 공급망 전반에 걸쳐 환경적, 사회적 기준을 준수하도록 엄격한 기준을 적용합니다. 파타고니아는 단순히 환경친화적인 제품을 제작하는 것을 넘어서, 환경 보호와 관련된 다양한 캠페인과 운동에 적극적으로 참여합니다. 예를 들어, '1% for the Planet' 이니셔티브에 참여하여 매출의 1%를 환경 보호 단체에 기부하고 있습니다. 이러한 기부는 지구의 자연환경을 보호하고 복원하기 위한 프로젝트에 사용됩니다.

파타고니아는 소비자들이 제품을 오래 사용할 수 있도록 장려합니다. 이를 위해 'Worn Wear' 프로그램을 운영하여, 사용한 파타고니아 제품을 수리하거나 교환할 수 있는 서비스를 제공합니다. 이 프로그램은 제품 수명을 연장하고 폐기물을 줄이는 데 기여하며, 소비자들에게 지속가능한 소비의 중요성을 전달합니다. 파타고니아는 자신들의 환경적 발자국을 줄이기 위한 노력뿐만 아니라, 이러한 노력들을 공개적으로 보고하고 있습니다. 이는 투명성을 높이고, 다른 기업들에게도 긍정적인 영향을 미치기 위함입니다. 파타고니아는 자사 웹사이트를 통해 환경 보호 활동, 제품의 환경적 영향 그리고 사회적 책임에 대한 정보를 제공합니다. 파타고니아의 이러한 노력은 기업이 이윤 추구뿐만 아니라 사회적, 환경적 책임을 다할 수 있음을 보여 주는 모범 사례입니다.

파타고니아는 지속가능한 경영방식과 환경 보호에 대한 강한 약속을 통해 매출과 이익 면에서도 성장을 경험한 대표적인 사례 중 하나입니다. 이 회사는 환경 보호를 비즈니스모델의 핵심으로 삼아 소비자들에게 큰 인기를 얻었으며, 이는 재정적 성공으로 이어졌습니다. 파타고니아의 사례는 다른 기업에게도 영감을 주어 지속가능성을 향한 글로벌 노력에 기여하고 있습니다.

스타벅스(Starbucks)는 전 세계적으로 인지도가 높은 커피 체인점으로, 그들의 사회적 책임(Corporate Social Responsibility, CSR) 활동은 기업이 어떻게 지속가능한 방식으로 사업을 운영하면서 동시에 긍정적인 사회적 영향을 미칠 수 있는지 보여 주는 좋은 예시입니다. 스타벅스의 CSR 활동은 크게 세 가지 주요 영역으로 나눌 수 있습니다: 공정 무역 커피 구매, 지속가능한 카페 운영 그리고 커뮤니티 서비스입니다.

스타벅스는 공급망 전반에 걸쳐 공정 무역 원칙을 적용하여 커피 농가와의 관계를 구축하는 데 앞장서 왔습니다. 이는 커피를 생산하는 농민들이 공정한 가격을 받고, 지속가능한 농법을 사용하여 환경 보호에 기여할 수 있도록 하기 위함입니다. 스타벅스는 커피 구매 시 C.A.F.E. Practices(커피와 농민 평등을 위한 스타벅스의 프로그램) 기준을 적용하여 환경 보호, 노동자의 권리 보호 그리고 투명한 거래를 장려합니다. 이러한 접근 방식은 커피 농민들에게 안정적인 수입을 보장하고, 장기적인 공급망 안정성을 확보하는 데 기여합니다.

스타벅스는 에너지 효율성을 높이고, 자원을 절약하며, 지속가능한 자재를 사용하여 카페를 운영하는 데 중점을 두고 있습니다. 예를 들어, 스타벅스는 재활용 가능한 컵 사용을 장려하고, 매장 내에서 재활용 프로그램을 시행하며, 에너지 절약형 조명과 장비를 사용합니다. 또한, 일부 지역에서는 물 사용을 최소화하는 기술을 도입하여 환경 보호에 기여하고 있습니다.

스타벅스는 지역사회에 긍정적인 영향을 미치기 위해 다양한 커뮤니티 서비스 프로그램에 투자합니다. 이러한 프로그램에는 교육 기회 제공, 자연재해 시 재난 구호 활동 그리고 지역사회 발전 프로젝트 등이 포함됩니다. 예를 들어, 스타벅스 재단은 청소년 리더십 개발 프로그램을 지원하고, 전 세계적으로 교육과 청소년 건강 증진 프로젝트에 기부합니다. 스타벅스의 이러한 CSR 활동은 브랜드 이미지를 강화하고, 고객과의 신뢰를 구축하는 데 기여하며, 동시에 경제적 성공을 달성하는 데도 도움을 줍니다.

스타벅스는 이러한 모범적인 경영사례도 있지만 대다수의 글로벌 대기업들이 가지고 있는 이해관계자와의 복잡한 문제를 해결하지 못한 사례도 있습니다.

재활용 및 일회용 컵 문제입니다. 스타벅스는 매년 수십억 개의 일회용 컵을 사용하며, 이는 환경오염의 주요 원인 중 하나로 지적되어 왔습니다. 비록 스타벅스가 재활용 가능한 컵 사용을 장려하고, 더 친환경적인 재료로 컵을 제작하기 위한 노력을 해 왔지만, 실제로 매장에서 재활용되는 컵의 비율은 여전히 낮은 편입니다. 이는 스타벅스의 환경 보호 노력에 대한 비판으로 이어졌습니다.

스타벅스는 일부 지역에서 노동자의 권리와 관련하여 비판을 받기도 했습니다. 특히, 미국 내 일부 매장에서 노동조합 결성을 시도하는 과정에서 발생한 문제들이 언론에 보도되기도 했습니다. 노동자들은 더 나은 임금, 근무 조건 그리고 안전한 작업 환경을 요구했으나, 일부 경우에 스타벅스의 대응이 이러한 노력을 억압하는 것으로 비치기도 했습니다.

공정 무역 커피와 지속가능한 공급망 관리에 대한 스타벅스의 노력에도 불구하고, 공급망 전반에 걸쳐 일관된 표준을 유지하는 것은 큰 도전입니다. 커피 생산국에서의 노동 조건, 환경 보호 기준 준수 등이 지속적인 관심사로 남아 있습니다. 스타벅스는 이러한 문제를 해결하기 위해 여러 조치를 취하고 있지만, 완전히 해결되지 않은 문제들도 여전히 존재합니다. 과거 스타벅스는 일부 국가에서 세금 회피 논란에 휘말렸습니다. 이는 회사의 사회적 책임과 윤리적 비즈니스 관행에 대한 질문을 불러일으켰습니다. 비록 스타벅스가 이 문제를 해결하기 위해 노력해 왔지만, 이러한 논란은 기업의 이미지에 부정적인 영향을 미쳤습니다.

파타고니아	스타벅스

B-corp 인증

B-corp 인증을 소개합니다. 미국의 비영리기관 비랩(B Lab)이 구축한 비콥은 재무적 성과와 사회적 성과를 균형 있게 추구하며 비즈니스로 더 나은 사회를 만들고자 하는 기업에게 부여되는 브랜드이자 고유명사입니다. Profit(이윤)이 아니라 Benefit(혜택) 극대화에 초점을 맞춘 인증마크입니다. 평가 항목과 측정 기준이 까다롭고, 3년마다 갱신이 필요해 유지 또한 어려워 신뢰도가 높은 인증입니다. 파타고니아는 이미 2012년에 이 인증마크를 획득했습니다. 2024년 2월 말 기준, 전 세계적으로 96개국, 8315개 기업이 B-corp인증을 받았습니다(https://www.bcorporation.net/en-us/certification/).

B-corp 인증은 전 세계적으로 ESG 경영이 확산되면서 이해관계자에게 인정을 받을 수 있는 마크로 인식되어 최근 신청기업 수가 급증

하고 있다고 합니다. 우리나라에서도 2024년 2월 기준으로 B-corp 인증을 받은 기업은 사단법인 비랩코리아 자료에 따르면 27개입니다 (https://bcorporation.kr/BCorp-korea). 각 기업의 홈페이지를 방문해 볼 것을 제안합니다. 우리나라에도 이런 기업이 있다는 발견과 희열, 자부심을 느끼길 기대합니다.

비콥 인증은 국내에서도 공정성과 신뢰성을 인정받아 한국국제협력단(KOICA) 혁신적 기술 프로그램(CTS)에서는 참여 기업에게 사업기간 내 B Impact Assessment 자가진단 제출을 의무화하고 있습니다. 또한, 중소기업벤처부의 소셜벤처 투자 및 지원평가 모형에서는 판별 가이드 중 하나로 선정되어 비콥 인증을 획득할 경우 사회성 항목에서 100점을 획득하게 됩니다. 스타트업 중심의 소셜벤처 CEO라면 이러한 기업의 비즈니스모델에서 영감을 찾기 바랍니다.

B-corp 인증

출처: 비랩코리아

5부

삶의 중요한
순간들을 위한 원칙

21

갈까 말까 할 때는
가라

제가 다닌 보문고등학교의 교훈은 '참되어라. 쓸모 있어라. 끝까지 ~'입니다. 지금도 매년 연말 송년회에서 60이 넘은 나이임에도 불구하고 큰 소리로 교가를 부르며 마무리를 하는데 교가에도 똑같이 교훈이 가사로 들어가 있습니다.

여러분들도 다니던 학교의 교훈이나 급훈이 있겠지만 저는 고등학교의 교훈을 제 삶의 목적이자 방향에 대한 기준으로 삼고 있습니다.

특히 쓸모는 인간의 삶을 더욱 풍성하게 만들고 발전시키는데 이바지할 수 있는 것입니다. 쓸모가 있음과 없음은 문화, 시대, 사회적 배경, 개인적 경험 등에 따라서 달라질 수 있으며 시간이 지나면서 변화할 수 있습니다. 어떤 사람에게는 오래된 가구가 쓸모없는 쓰레기로 보이겠지만 다른 사람에게는 엔틱스런 가구로 보일 수 있습니다. 즉 개인의 주관적인 판단영역에 따라 쓸모 여부가 결정될 수 있다는 것입니다. 이런 쓸모를 자신의 삶의 여정 전체에서 끝까지 유지하라는 교훈은 평생 공부하고 평생 일하는 새로운 시대에 걸맞은 지침입니다.

쓸모는 창업아이템의 의사결정 기준이 되고 사회적기업가정신에서 나오는 혜택(Benefit)으로도 해석할 수 있습니다. 주관적 영역이라고는 하지만 쓸모 여부는 인정 여부와 직결됩니다. 누군가에게 인정을 받는 사람, 가족으로부터, 고객으로부터, 국민으로부터 인정받는다는 것은 대상으로부터 쓸모가 있다는 것이고 버림을 받는다는 것은 그 쓸모가 없어진 것입니다. 토사구팽(兎死狗烹)이란 토끼가 잡히고 나면 충실했던 사냥개도 쓸모가 없어져 잡아먹게 된다는 중국 춘추시대 월나라 재상 범려의 말에서 유래된 고사성어입니다.

저와 인연이 된 많은 분들이 자기 자신을 포함하여 가족과 친구, 회사, 지역사회와 국가 등으로부터 쓸모가 있고 인정을 받는 삶을 평생 누리면 좋겠습니다.

네 가지 표준

국제 봉사 조직인 로타리클럽에는 로타리언이라면 반드시 따라야 할 로타리 강령과 네 가지 표준이 있습니다. 사회생활을 하면서 월 2회 이상 로타리클럽 모임에 참여할 때마다 로타리 강령과 네 가지 표준을 낭독하고 따라 하다 보니 저는 이제 머릿속에 암기가 되어 있습니다. 특히 제가 강조하는 밸런스 경영의 의사결정 기준으로 삼는 지침은 바로 네 가지 표준입니다.

우리가 생각하고 말하고 행동하는 데 있어서,

- 진실한가?
- 모두에게 공평한가?
- 선의와 우정을 더하게 하는가?
- 모두에게 유익한가?

1930년에 미국의 대공황이 시작되자 많은 로타리안들이 시련에 직면하게 되었습니다. 경제적 위기로 인한 생존의 위협 속에서 직업윤리는 중요한 시험대에 올라선 셈이 되었습니다. 시카고 로타리안인 허버트 J. 테일러는 1932년 파산지경에 이른 알루미늄 회사를 인수해 달라는 요청을 받게 되었는데 이 회사는 회사 자금도 바닥나고 종업원들의 사기도 저하될 대로 저하되어 치열한 생존경쟁에서 살아 남을 가능성은 거의 없어 보였습니다. 테일러는 로타리안으로서의 배경을 활용하여 24 단어로 된 자신의 행동 지침을 만들어 일상적인 결정에 적용하고 이러한 지침으로부터 많은 도움을 얻어 모든 부서장에게도 이를 활용할 것을 권장하였습니다.

그의 행동 지침은 네 가지 질문으로 구성되어 있어 그는 이를 '네 가지 표준(The Four Way Test)'이라고 불렀으며 회사는 종업원이나 고객, 도매상, 공급업자들을 대하는 데 있어 네 가지 표준을 적용하였습니다. 그리고 이는 구사일생으로 사업을 소생시키는 계기가 됩니다. 회사는 반전의 기회를 잡아 15년 만에 미화 100만 달러의 빚을 청산했으며 동시에 200만 달러에 달하는 회사 순자산을 마련하였습니다. 테일러는 이 모든 것을 네 가지 표준의 공으로 돌렸습니다.

국제로타리 이사회는 1943년 회의에서 네 가지 표준을 공식 채택하였으며, 테일러는 1954년 국제로타리 회장에 선출된 후 네 가지 표준의 저작권을 국제로타리에 양도하였고 이후 네 가지 표준은 세계 각국어로 번역되어 100여 개 국가에서 사용되고 있습니다.

최종원 교수의 인생 교훈

일상적인 생활에서 가장 명쾌한 의사결정 기준을 제시한 서울대학교 행정대학원 최종원 교수의 인생 교훈은 재미와 유익함이 넘쳐 흐릅니다. 개인적으로는 호불호가 있겠지만 상대적으로 작은 의사결정에는 최고의 행동지침이 아닐까 생각합니다.

갈까 말까 할 때는 가라
살까 말까 할 때는 사지 마라
말할까 말까 할 때는 말하지 마라
줄까 말까 할 때는 줘라
먹을까 말까 할 때는 먹지 마라

우리는 살면서 갈까 말까 고민할 때가 많습니다. 결혼식, 장례식 등은 물론이고 여행을 떠나거나 새로운 발령지를 요청받은 경우 개인이 처한 상황에 따라 결정을 하기가 쉽지 않을 때가 참 많은 것 같습니다. 이때는 시차를 두고 두 번 정도 결정의 순간에도 가고 싶다면 가는 것을 추천합니다.

회갑기념으로 다녀오기로 한 일본의 알프스, 다테야마 트래킹 모임에 등산을 좋아하지 않는 제가 멤버로 되어 있었습니다. 모임 특성상 먼저 탈회를 했어야 하는데 미루다가 결국 출발 일정이 다가왔습니다. 지난 3년간 회비를 납부했는데 막상 가야 할 일정이 다가오니 일부 친구들은 건강을 이유로 빠지는 의사결정을 했습니다. 나도 빠지고 싶다는 생각이 강했지만 다시 한번 생각하니 이때 아니면 언제 친구들과 3,000m 설산을 다녀오겠나 싶어 과감히 다녀왔습니다. 지금도 당시 사진을 보면 참 잘했다 싶습니다.

결혼식과 장례식이 같이 있는 날에는 장례식을 가라, 친구와 직장 상사가 같은 날 결혼식을 하면 친구한테 가라, 결혼을 하는 부부 둘 다 아는 사이인데 누구에게 축의금을 해야 하나 할 때는 둘 다에게 하라의 팁을 공유합니다.

살까 말까 할 때는 당장 사지 말고 한 번 더 생각해 보고 결정을 하면 좋겠습니다. 투자는 사지 않으면 아무 손해가 나지 않습니다. 저에게 온 많은 정보는 대부분 사장됩니다. 제가 사지 않기 때문입니다. 모든 구매에는 우선순위에 대한 의사결정이 필요합니다. 즉 결정으로 인한 효과나 결과의 크기(중요도)와 시간 개념의 신속성 필요 여부를 판단해서 순위를 정하시기 바랍니다. 빠르게 의사결정해야 문제를 해결할 수 있고 그 결과나 효과도 매우 중대하다면 그런 결정을 먼저 해야 한다는 의미입니다.

말할까 말까 할 때는 말하지 않는 편이 다행인 경우가 많다고 생각합니다. 특히 자리에 없는 사람에 대해 평가나 소문 등 부정적인 이야기는 하지 않는 것이 좋습니다. 경우에 따라서는 부정적인 소문을 떠벌리는 사람을 멀리하는 것도 좋습니다. 이는 SNS상에서의 댓글이나 퍼 나르기 등도 당연히 포함됩니다. 최근에 국민배우로 등극한 최민식 배우의 대표작 〈올드보이〉 영화를 본 분들은 이해를 하겠지만 우리가 무심코 뱉은 말 한마디로 심한 경우에는 한 사람의 인생을 망가트리게 됩니다.

줄까 말까 할 때는 줘라에 대해서는 의견이 분분합니다. 그만큼 표준화된 행동지침으로는 상황이나 시대에 따라 의견이 나눠지는 것 같습니다. 공동체의식이 강한 시대에서 핵개인화시대로 접어드는 것도 영향을 준다고 생각합니다. 예를 들어, 제가 연구하고 알아낸 많은 결과물에 대해서 공유를 한다고 내 지식이 줄어드는 것이 아니기 때문에 문제가 된다고 생각하지 않습니다만 철저히 공유하지 않는 분들도 많아지는 것 같습니다. 자식에게 주려는 유산, 상속재산도 주지 않는 쪽으로 의사결정 기준이 변화되고 있습니다.

먹을까 말까 할 때는 배부르다면 굳이 먹을 이유가 없는 것입니다. 특히 저녁식사 이후에는 먹지 않는 분들이 많습니다. 제 아내 역시 저녁식사 이후에는 어떤 간식도 먹지 않으니 저처럼 살이 쪄서 군것질을 좋아하는 사람을 보면 이해가 안 되는 표정을 지을 때가 많습니다. 가끔 역지사지의 배려를 구해 봅니다. 우리나라 15세 이상 비만율은 2020년 기준 37.8%로 꾸준히 증가하고 있습니다. 대사증후군 환자 수도 증가하고 있으니 가급적 먹지 마라가 올바른 의사결정일 수 있습니다.

만약 먹는 대상이 식품이 아니라 돈이나 뇌물이라면 젊은 시절부터 확실하게 자신을 보호할 필요가 있습니다. 취업을 한 아들에게 제가 한 첫 번째 조언이 바로 작은 부정에도 스스로에게 지나칠 정도로 엄격하라였습니다. 우리 주위에는 훌륭한 능력을 가진 많은 사람들이 뇌물과 비리로부터 연루되어 인생을 망가뜨리는 경우를 많이 목격했기 때문입니다.

22

제한된 합리성(bounded rationality) 이론

삶의 여정은 우리 모두에게 끊임없는 선택을 강요합니다. 선택으로 인한 결과에 따라 기쁘기도 하고 슬프기도 합니다. 오락프로그램을 보면 단순한 가위바위보 게임도 한순간의 운명을 좌우합니다. 이러한 선택과정에서 발생하는 의사결정의 어려움은 선택을 하거나 결론에 도달할 때 개인이 직면하는 어려움을 말합니다. 특정 장애로 인식되지는 않지만 인지편향, 감정적 요인, 정부 부족 또는 과다, 실수에 대한 두려움 등이 포함될 수 있습니다. 이러한 어려움은 일상적인 결정과 보다 중요한 선택에 영향을 미쳐서 불안하고 우유부단한 사람으로 만들어 버립니다.

경영학의 대가 피터 드러커는 원칙에 근거하는 의사결정을 해야한다고 합니다. 드러커는 의사결정에 있어 몇 가지 중요한 원칙을 제시했습니다. 여기에는 다음과 같은 원칙들이 포함됩니다.

✓ **분명한 목표의 설정**: 의사결정 과정에서 가장 중요한 것 중 하나

는 결정이 달성하고자 하는 목표가 무엇인지 명확히 하는 것입니다. 드러커는 목표가 명확하지 않으면 의사결정 과정이 효과적으로 진행될 수 없다고 강조했습니다.

✓ **정보의 수집과 분석**: 의사결정을 내리기 전에 충분한 정보를 수집하고 분석하는 것이 중요합니다. 드러커는 의사결정자가 가능한 한 많은 정보를 활용해야 하며, 특히 의사결정에 영향을 줄 수 있는 외부 환경에 대한 이해가 필요하다고 주장했습니다.

✓ **대안의 고려**: 여러 가능한 대안을 고려하고 각각의 장단점을 평가하는 것이 중요합니다. 드러커는 최적의 결정을 내리기 위해서는 다양한 옵션을 탐색하고 비교하는 과정이 필수적이라고 보았습니다.

✓ **결정의 명확성과 책임성**: 결정을 내린 후에는 그 결정이 무엇인지 분명히 해야 하며, 해당 결정에 대한 책임을 지는 것이 중요합니다. 드러커는 의사결정 과정에서 명확성과 책임성이 부족하면 실행력이 약해지고 결과적으로 조직의 성과에 부정적인 영향을 미칠 수 있다고 경고했습니다.

✓ **결정의 실행과 평가**: 의사결정은 실행 없이는 의미가 없습니다. 따라서 결정을 실제로 실행에 옮기고 그 결과를 지속적으로 평가하는 것이 필요합니다. 드러커는 실행 과정에서 발생할 수 있

는 문제를 신속하게 해결하고 필요한 경우 조정을 가하는 유연성이 중요하다고 강조했습니다.

드러커의 의사결정 원칙은 목표 설정에서부터 정보 수집, 대안 고려, 결정의 명확성 및 책임성 확보 그리고 실행 및 평가에 이르기까지 전 과정에 걸쳐 체계적인 접근을 강조합니다. 이러한 원칙들은 오늘날 많은 조직과 리더들에게 여전히 유효하며, 효과적인 의사결정을 위한 지침으로 활용되고 있습니다.

경영학에서는 다양한 의사결정 이론들이 연구되고 있으며, 이러한 이론들은 조직의 의사결정 과정을 이해하고 향상시키기 위한 기초를 제공합니다. 의사결정의 원리를 가장 잘 설명하는 이론으로 합리적 의사결정모델(Rational Decision Making Model)이 있습니다. 이 모델은 의사결정 과정이 목표 지향적이고 체계적인 과정을 통해 최적의 선택을 도출한다고 가정합니다. 이론에 따르면 의사결정자는 모든 가능한 대안을 고려하고, 각 대안의 결과를 평가하여 최고의 결과를 낼 수 있는 선택을 합니다. 이 모델은 경영학의 기본적인 의사결정 이론 중 하나로, 다양한 학자들에 의해 발전되었습니다.

허버트 사이먼(Herbert A. Simon)은 인간의 의사결정 과정이 합리적이지만, 정보의 제한, 인지적 한계, 시간적 제약으로 인해 완전히 합리적일 수 없다는 개념을 도입했습니다. 사이먼은 의사결정자들이 최적의 해결책을 찾기보다는 "충분히 좋은"해결책을 찾는다는 '제한된 합리성(bounded rationality)'모델을 제안했습니다. 이외에도 의사결정 과정을 정보를 수집하고 처리하는 과정으로 보는 정보처리 이론(Information Processing Theory)과 의사결정 과정이 항상 명확한 분석이나 논리적 추론에 기반하는 것이 아니라, 경험, 직감 그리고 개인적 판단을 통해 이루어질 수 있다고 보는 직관적 의사결정 이론(Intuitive Decision Making)이 있습니다.

이러한 이론들은 의사결정 과정을 이해하고 분석하는 데 있어 다양한 관점을 제공합니다. 각 이론은 의사결정 과정의 특정 측면에 초점을 맞추며, 실제 조직에서 발생하는 복잡한 의사결정 상황을 해석하고 개선하는 데 도움을 줍니다.

애플사와 노키아사의 성공실패 사례

의사결정의 원리를 적용함에 있어서 애플사와 노키아사의 성공실패 사례를 소개하겠습니다.

애플(Apple)의 아이폰(iPhone) 출시는 현대 기술 역사에서 가장 혁신적인 순간 중 하나로 꼽힙니다. 2000년대 초반, 휴대폰 시장은 주로 기능성과 휴대성에 초점을 맞추고 있었습니다. 그러나 애플은 사용자 경험을 극대화할 수 있는 통합된 멀티미디어 디바이스에 대한 잠재적 수요를 인식했습니다. 스티브 잡스와 그의 팀은 기존의 휴대폰과는 완전히 다른, 인터넷 브라우징, 음악 재생 그리고 전화 기능을 하나로 통합한 제품을 상상했습니다.

애플은 사용자 중심의 디자인과 직관적인 인터페이스에 중점을 둔 제품을 개발하는 것을 목표로 삼았습니다. 이 목표는 애플의 기존 제품 철학과 일치하며, 아이폰을 개발하는 동안 중요한 지침이 되었습니다. 아이폰 개발은 2000년대 초반부터 시작되었으며, 프로젝트 "Purple"로 알려진 이 프로젝트는 애플의 다양한 리소스와 팀의 노력이 집중된 대규모 프로젝트였습니다. 개발 과정에는 하드웨어 디자인, 소프트웨어 개발, 사용자 인터페이스 설계 등 다양한 분야의 전문가들이 참여했습니다. 아이폰은 단순히 전화를 넘어서, 모바일 인터넷과 멀티미디어 기능을 완벽하게 통합한 최초의 스마트폰이 되었습니다. 아이폰은 당시로서는 혁신적인 멀티 터치스크린과 사용자 인터페이스를 도입했습니다. 이는 사용자들이 손가락으로 화면을 직접 조작하여 애플리케이션을 실행하고, 웹을 탐색하며, 미디어를 재생할 수 있게 했습니다.

애플은 아이폰을 출시하기 전에 시장 조사를 광범위하게 수행했습니다. 이를 통해 사용자들이 가장 중요하게 생각하는 기능과 경험을 파악하고, 아이폰의 설계에 반영했습니다. 또한, 애플은 아이폰을 통해 사용자들에게 새로운 사용 패러다임을 제시했고, 이는 곧 새로운 시장 기준을 설정했습니다. 아이폰 출시와 함께 애플은 강력한 마케팅 캠페인을 전개했습니다. 이 캠페인은 아이폰의 혁신적인 기능과 사용자 경험을 전면에 내세웠습니다. 애플은 또한 초기에 이동통신사와의 전략적 제휴를 통해 제품의 보급을 가속화했습니다.

2007년 1월, 스티브 잡스가 아이폰을 공개했을 때, 그것은 전 세계적으로 큰 화제가 되었습니다. 아이폰은 출시 직후 엄청난 판매 성공을 거두었고, 모바일 기술과 사용자 경험에 대한 기준을 새롭게 정립했습니다. 이로 인해 애플은 기술 산업에서의 지배적 위치를 더욱 공고히 할 수 있었습니다.

애플의 아이폰 출시 사례는 명확한 비전 설정, 사용자 중심의 혁신 그리고 강력한 실행 전략이 어떻게 성공적인 제품을 만들어 낼 수 있는지를 보여 줍니다.

애플	노키아

노키아(Nokia)의 스마트폰 시장 대응 실패 사례는 현대 비즈니스 역사에서 가장 중요한 교훈 중 하나를 제공합니다. 이 사례는 기술 변화에 대한 빠른 적응의 중요성과 시장 동향에 대한 정확한 이해가 결

여되었을 때 발생할 수 있는 결과를 잘 보여 줍니다.

노키아는 2000년대 초반까지 휴대폰 시장의 선두주자였으며, 특히 기능폰 분야에서 강력한 위치를 차지하고 있었습니다. 그러나 스마트폰 시대의 도래와 함께 시장의 요구가 급격히 변화하기 시작했습니다. 애플의 아이폰과 구글의 안드로이드 운영 체제가 등장하면서 사용자 경험과 애플리케이션 생태계의 중요성이 부각되었습니다. 노키아는 이러한 변화를 제대로 인식하고 대응하는 데 실패했습니다.

노키아는 자체 운영 체제인 심비안(Symbian)을 스마트폰 개발의 핵심으로 삼았습니다. 심비안은 초기에는 성공적이었으나, 아이폰의 iOS와 안드로이드와 같은 경쟁 운영 체제에 비해 사용자 경험과 개발자 친화성에서 뒤떨어졌습니다. 노키아는 심비안을 개선하고 새로운 운영 체제로의 전환을 시도했지만, 이러한 노력은 늦었고 불충분했습니다. 노키아의 내부 조직 구조와 의사결정 과정도 스마트폰 시대에 적절히 대응하는 데 걸림돌이 되었습니다. 회사 내부에서는 서로 다른 부서 간의 경쟁과 복잡한 의사결정 구조로 인해 신속한 대응이 어려웠습니다. 이로 인해 시장 변화에 빠르게 반응하고 혁신적인 제품을 출시하는 데 필요한 유연성과 속도가 떨어졌습니다.

노키아는 전통적으로 강력한 하드웨어 제조 역량에 의존했습니다. 그러나 스마트폰 시장에서는 운영 체제, 사용자 인터페이스, 애플리케이션 생태계와 같은 소프트웨어 요소가 더욱 중요해졌습니다. 노키아는 이러한 시장의 변화와 소비자의 요구를 충분히 이해하고 대응하는 데 실패했습니다. 애플과 구글은 각각 iOS와 안드로이드를 중심으로 강력한 애플리케이션 생태계를 구축했습니다. 반면, 노키아는 개발자들과 소비자들을 끌어들일 수 있는 매력적인 생태계를 만드는 데 실패했습니다. 이는 노키아 스마트폰의 매력을 크게 저하시켰고, 최종적으로 시장에서의 경쟁력 상실로 이어졌습니다.

노키아의 사례는 급변하는 기술 시장에서의 생존과 성공을 위해 시장 변화를 신속하게 인식하고, 적절한 기술적 선택을 하며, 유연하고 효율적인 조직 구조와 의사결정 과정을 갖추어야 한다는 중요한 교훈을 제공합니다. 또한, 강력한 소프트웨어 생태계와 사용자 경험의 중요성을 강조하는 사례로 남아 있습니다.

의사결정 피로 대응 방안

이러한 기업의 의사결정 원리 외에 우리는 일상생활에서 작지만 수많은 의사결정을 해야 합니다. 지속적이고 반복되는 의사결정으로 인해 스트레스를 받는 사람도 많아지고 때로는 의사결정 장애가 생기기도 합니다. 이를 의사결정 피로(Decision Fatigue)라고 하며 지속적인 결정 과정에서 발생하는 정신적, 감정적 피로를 의미합니다.

의사결정 피로의 원인으로는 하루에 수많은 결정을 내려야 하는 현대사회에서 선택의 과부하 현상과 결정을 내리기 위해 과도한 정보를 분석하고 이해해야 하는 정보 과다 문제 그리고 지속적인 불확실성과 스트레스입니다. 이러한 의사결정 피로는 일상적인 활동에서의 에너지 감소, 만족도 하락, 결정 회피 경향 등으로 나타나며, 생산성 저하, 창의력 감소, 의사소통 상의 문제 등을 야기시킵니다.

이러한 의사결정 피로의 대처 방안은 우선순위를 설정하는 것입니다. 중요한 결정에 집중하고 덜 중요한 결정은 간소화합니다. 루틴과 표준화된 절차를 통해 반복적인 의사결정 부담을 줄일 수 있습니다.

체크리스트와 루틴

체크리스트는 복잡한 정보를 단순화하고, 작업의 완성도를 높이며, 잊어버리기 쉬운 사항들을 기억하는 데 도움을 줍니다. 어떤 분야에서든, 체크리스트의 활용은 작업의 효율성과 안전성을 향상시키는 강력한 도구가 될 수 있습니다. 조종사들은 이륙, 비행 중, 착륙 시 다양한 절차를 준수해야 합니다. 이러한 절차를 기억하는 대신, 항공 산업에서는 체크리스트를 사용하여 모든 필수 항목이 확인되고 수행되었는지를 보장합니다. 이는 항공 안전을 크게 향상시키는 데 기여했습니다.

Atul Gawande의 책 《The Checklist Manifesto》에서 언급된 바와

같이, 수술실에서의 체크리스트 사용은 환자의 합병증 발생률과 사망률을 현저히 줄였습니다. 체크리스트에는 수술 전 환자 확인, 필요한 기구 준비, 항생제 투여 시간 확인 등이 포함됩니다. 건설 프로젝트에서 체크리스트는 안전 절차 준수, 자재 및 장비 검사, 작업 순서 확인 등에 사용됩니다. 이는 작업장 안전을 보장하고, 프로젝트가 계획대로 진행되도록 합니다. 소프트웨어 개발 프로젝트에서는 코드 리뷰, 버그 트래킹, 릴리즈 전 준비 사항 등을 확인하기 위해 체크리스트를 사용합니다. 이는 품질 관리를 강화하고, 소프트웨어의 안정성과 사용자 만족도를 높이는 데 도움이 됩니다.

대규모 이벤트나 회의를 계획할 때, 체크리스트는 장소 예약 확인, 참가자 목록 관리, 음식 및 음료 준비, 오디오/비디오 장비 설정 등을 포함하여 이벤트가 순조롭게 진행되도록 합니다. 개인 생활에서도 체크리스트는 유용하게 사용됩니다. 예를 들어, 여행 준비 시 짐 싸기 체크리스트, 주간 식료품 쇼핑 목록, 오늘 하루 비즈니스 미팅 목록 등을 작성하여 일상을 더 효율적으로 관리할 수 있습니다. 하루를 시작하기 전에 가장 중요한 일 목록을 작성하고, 그 일을 우선순위에 따라 정렬합니다. 이는 하루 동안 무엇에 집중해야 하는지 명확하게 하여, 불필요한 결정을 줄이는 데 도움이 됩니다.

일상적인 작업을 루틴으로 만들어 자동화합니다. 이는 매일 같은 시간에 같은 활동을 하는 것을 포함할 수 있습니다. 스티브 잡스는 매일 같은 검은 터틀넥, 청바지, 운동화를 착용함으로써 옷을 선택하는 데 드는 의사결정 피로를 줄였습니다. 이는 옷 선택에 드는 시간과 에너지를 절약하고, 더 중요한 결정에 집중할 수 있게 했습니다.

또 하나의 방법은 선택의 폭을 의도적으로 제한하여 결정을 더 쉽게 만듭니다. 이는 특히 식사 메뉴, 제품 선택 등 일상적인 결정에서 유용합니다. 많은 성공한 기업가들과 리더들은 식사 결정을 간소화합니다. 예를 들어, 페이스북의 마크 저커버그는 식사 메뉴를 간단하게 유지하여 의사결정 피로를 줄이고, 더 중요한 결정에 더 많은 에너지를 할애할 수 있도록 합니다.

작가이자 언론인인 마이클 루이스는 매일 아침 특정한 루틴을 따라 글을 쓰는 습관을 들였습니다. 성공 코치 토니 로빈스는 그의 하루를 시작하는 특별한 아침 루틴으로 유명합니다. 그는 '프라이밍(Priming)'이라고 부르는 과정을 통해 명상, 감사의 순간, 고강도 운동을 포함한 일련의 활동을 합니다. 프라이밍은 일상생활에서도 다양하게 적용될 수 있습니다. 예를 들어, 아침에 긍정적인 단어나 문구를 읽는 것은 하루 종일 긍정적인 태도를 유지하는 데 도움이 될 수 있습니다. 이는 긍정적인 단어가 긍정적인 생각과 감정을 활성화시키기 때문입니다. 미디어 명사 오프라 윈프리는 긍정적인 마인드셋을 유지하기 위해 감사 일기를 작성하는 습관을 갖고 있습니다. 매일 저녁 그녀는 그날 있었던 긍정적인 경험을 기록함으로써 감사의 중요성을 일깨우고, 긍정적인 생각을 유지합니다. 이러한 루틴은 그가 의사결정 피로를 줄이고 창의력을 유지하는 데 도움이 됩니다.

직관적 의사결정

직관은 복잡하거나 명확하지 않은 상황에서 무의식적으로 정보를 이해하고 판단하는 능력을 말합니다. 이는 분석적이고 논리적인 사고 과정을 거치지 않고도 빠르게 문제의 핵심을 파악하고 결정을 내리는 과정을 포함합니다. 직관은 경험, 지식, 감정 등 다양한 내부적 요소에 기반하여 형성되며, 때로는 '직감'이라고도 불립니다.

직관은 인간의 의사결정 과정에서 중요한 역할을 하며, 특히 정보가 부족하거나 시간이 촉박한 상황에서 유용하게 활용됩니다. 그러나 직관이 항상 정확한 결정을 보장하는 것은 아니며, 때로는 편향이나 오류의 가능성도 내포하고 있습니다. 따라서 직관적 판단을 내릴 때는 이러한 한계를 인식하고, 가능하다면 추가적인 정보 수집이나 분석을 통해 결정을 보완하는 것이 중요합니다.

직관력을 키우기 위해서는 주변 환경, 사람들의 행동, 감정의 미묘한 변화 등을 세밀하게 관찰하는 연습이 필요하며 명상과 내면의 소리에 집중할 필요가 있습니다. 다양한 상황에서 얻은 경험과 새로운 지식의 학습이 도움이 되고 자신의 직관을 통한 결정과 그 결과에 대해 깊이 생각해 보는 것도 직관력을 키우는데 큰 도움이 됩니다.

대니얼 카너먼(Daniel Kahneman)은 2002년 노벨 경제학상을 수상한 미국 심리학자로, 직관과 판단, 의사결정 과정에 관한 연구로 유명합니다. 카너먼은 《Thinking, Fast and Slow》라는 책을 통해 시스템 1(빠르고 직관적인 사고)과 시스템 2(느리고 논리적인 사고)의 개념을 소개하며, 인간의 판단과 결정이 어떻게 이루어지는지에 대해 설명했습니다.

당신이 거리를 걷다가 갑자기 공이 당신 쪽으로 날아온다고 상상해 보세요. 당신은 즉시 공을 피하기 위해 몸을 움직입니다. 이러한 반응은 시스템 1의 작동 예입니다. 당신은 공의 궤적, 속도, 방향을 의식적으로 계산하지 않았지만, 당신의 뇌는 자동적으로 이러한 정보를 처리하고 즉각적인 반응을 지시했습니다. 이는 빠르고 무의식적인 직관적 판단의 결과입니다. 이번에는 당신이 친구와 함께 식당에서 저녁식사 비용을 나눠 내기로 했다고 가정해 봅시다. 총액이 $150이고, 팁을 20% 주기로 했습니다. 이제 이 금액을 계산해서 각자 얼마를 내야 하는지 결정해야 합니다. 이 과정에서 당신은 팁을 계산하고, 총액을 두 사람이 나누는 등의 계산을 수행합니다. 이는 시스템 2의 작동 예입니다. 이 사례에서의 사고 과정은 의식적인 주의와 논리적 계산을 필요로 하며, 시간과 노력이 소요됩니다.

실생활에서 이 두 시스템은 서로 상호작용하며 우리의 판단과 결정에 영향을 미칩니다. 예를 들어, 어떤 사람이 길을 건너려고 할 때 자동차의 속도와 거리를 빠르게 판단하는 것은 시스템 1의 작용입니다. 그러나 그 길이 특히 위험하다는 것을 알고 있어서 건너기 전에 추가로 주변을 살피기로 결정한다면, 이는 시스템 2가 활성화되어 보다 신중한 결정을 내리는 과정입니다.

이러한 예를 통해 볼 때, 시스템 1은 일상생활에서 매우 유용하며 많은 상황에서 즉각적인 판단과 결정을 가능하게 합니다. 반면, 시스템 2는 복잡하거나 중요한 결정을 내릴 때 중요한 역할을 하며, 더 신중하고 정확한 판단을 위해 필요한 사고 과정입니다.

개인의 일상적인 삶에서도 직관적인 판단을 하는 경우는 많습니다. 사람들이 직업을 선택할 때, 많은 정보와 조언을 고려하긴 하지만 최종적으로는 자신이 어떤 일을 하고 싶은지, 어떤 환경에서 일하고 싶은지에 대한 직관적인 느낌을 중요하게 생각합니다. 어떤 직업이 자신에게 진정으로 맞는지 결정할 때 직관이 중요한 역할을 할 수 있습니다. 개인이 새로운 사람을 만났을 때, 그 사람에 대한 첫인상이나 느낌은 직관적인 판단의 예입니다. 우리는 종종 무의식적으로 상대방의 말투, 행동, 비언어적 신호 등을 분석하여 그 사람에 대한 신뢰감이나 호감을 결정합니다.

직관적 판단은 분석적 사고와 병행하여 사용될 때 가장 효과적입니다. 기업 경영이든 개인의 결정이든, 직관은 우리가 빠르게 정보를 처리하고 복잡한 상황에서 결정을 내리는 데 도움을 줄 수 있습니다. 하지만, 직관적 판단이 항상 올바른 결정을 보장하는 것은 아니므로, 가능하다면 분석적 사고와 결합하여 사용하는 것이 좋습니다.

23

가화만사성
(家和萬事成)

법원행정처에서는 매년 사법연감이 발간됩니다. 사법연감에는 사법부의 인적·물적 조직 현황, 사법행정의 운영내역, 각급 법원이 접수한 각종 사건의 통계자료 등을 담고 있습니다. 2022년 사법연감 자료에는 부모가 세상을 떠난 후 남은 가족들이 유산을 두고 벌이는 상속분쟁이 증가하는 것으로 나타났습니다. 법원 처분을 받는 상속재산의 분할에 관한 처분 접수 건수가 2,776건으로 2014년 771건 대비 4배 가까이 늘었습니다. 정식으로 법적 절차를 밟는 유류분 반환 청구 소송도 2014년 813건에서 2022년 1,872건으로 2배 넘게 증가했습니다. 지난 10년간 한 해도 빠짐없이 증가하고 있습니다. 유산으로 인해 남은 가족이 붕괴되는 통계는 우리 사회가 잘못된 방향으로 가고 있다는 또 하나의 지표입니다.

아버지가 먼저 돌아가시고 3남매의 맏이로서 어머니와 함께 아버지 재산에 대한 상속문제를 어떻게 처리할 것인지 저 또한 가족회의를 했습니다. 고인이 남긴 재산이 많으면 많을수록 남은 가족 간의 합의는 어려움이 있겠지만 다행히도 아버지가 남긴 재산은 그리 많지 않았습니다. 동생들과 회의를 해서 아버지가 남긴 재산 전체를 어머니 명의로 옮기기로 결정했습니다. 다행히 동생들이 모두 다 상속포기 동의를 해 주었습니다. 여러 가지 세무적인 문제가 이후에 부담이 될지라도 당시에는 어머니에게 재산이 있어야 어머니도, 우리 자식들도 더 잘할 것이라는 믿음으로 그렇게 결정했습니다. 이후 어머니는 5년 정도 더 사시다가 돌아가셨는데 그 5년 동안 자식 셋 부부 모두가 나름대로 효도를 했습니다. 지금 와서 다시 생각해도 참 현명한 선택이었습니다.

동생들이 먼저 합의하게 하라

어머니가 돌아가셨을 때 어머니가 남긴 유산은 당시 금액으로 6억 원 정도였습니다. 대전에 사시던 주택과 세를 준 아파트 한 채가 사실 전 재산이었습니다. 그래도 돌아가시기 전까지 어떻게든 이 재산을 팔지 않고 자식들에게 남겨 주시려고 많은 고생을 하셨습니다. 꼭 그렇게 힘들게 사시면서 재산을 남겨 주시려고 하는지는 제가 좀 더 살아 봐야 알겠습니다. 여하튼 3남매 회의가 열리고 저는 동생들에게 둘이 먼저 상의해서 분배안을 가지고 오라고 주문했고 막냇동생이 나름대로 정리된 안을 가져왔습니다. 맏이로서 저는 아내와 함께 자세히 보지도 않고 둘이 합의한 안이냐 다시 확인하고 그럼 그렇게 하자라고 쉽게 결론을 냈습니다. 그만큼 동생들을 믿은 것도 있지만 우리

3남매 각각 2억 원 정도씩 돌아가는 것이 가장 타당하다고 생각을 했고 도출된 분배안도 비슷한 결론이었기 때문입니다.

부모님이 돌아가시기 전에 상속으로 인한 갈등을 최소화하는 방안에 대해 모임의 선배님들에게 자문을 구한 적이 있었습니다. 이때 한 선배님께서 형이 먼저 결론을 내지 말라고 충고하셨고 가급적 동생들에게 먼저 상의해서 합의를 한 후 안을 가져오게 하는 것이 좋다는 조언을 해 주셨습니다. 그리고 그 안을 보고 합리적이라면 기분 좋게 승인을 하면 맏이로서 제일 좋은 방법이니 미리 고민할 필요가 없다는 말씀을 충실히 이행하였습니다. 지금도 삶의 지혜란 이런 것이구나 새삼 느끼고 주위 친구들이 비슷한 고민을 할 때 제 경험을 전수해 주었습니다. 다만 모든 동생이나 가족들이 제 동생들처럼 똑같이 행동하지 않는 사례도 많을 것 같으니 참고만 하기 바랍니다.

제가 증권회사의 프라이빗뱅킹 지점장을 할 때 주요 일간지나 〈매경이코노미〉, 〈한경비즈니스〉, 〈이코노미스트〉 등 주간지에 칼럼을 연재한 적이 있습니다. 당시 〈이코노미스트〉의 이상건 기자가 큰 도움을 주었습니다. 이상건 기자는 이후 미래에셋증권으로 자리를 옮겨 현재 미래에셋투자와 연금센터장으로 있습니다. 좋은 품성과 통찰력이 있는 후배입니다. 이상건 기자와 같이 인연을 맺은 신영증권의 민주영 연금사업부 이사도 늘 페북에서 소통하며 응원을 하고 있는 후배입니다. 모두 우리나라의 노후세대를 위한 가치 있는 일을 하고 있습니다.

인터뷰를 할 때, 가장 많이 받는 질문이 우리나라에서 소위 상류층이라고 할 수 있는 기준, VIP 기준은 재산이 어느 정도입니까였습니다. 당시 제가 근무한 마제스티클럽의 기준은 2000년 전후 시점, 금융자산 3억 원입니다. 대치동 아파트 국민평형 가격이 10억 원이 안 될 때였습니다. 같은 기준으로 추론하면 지금은 금융자산 10억 원 정도될 것입니다. 단순히 금액 기준으로만 보면 유산이 3억 원 정도이면분쟁이 거의 없을 것 같은데 30억 원만 되어도 남은 가족 간에 협의 도출이 안 되어 다음 세대까지는 분쟁 건수가 계속 증가할 것 같습니다.

저는 이미 이 책의 중간 부분에서 자식에게 재산상의 유산을 주기보다 즐거움을 함께한 추억을 남기는 것이 낫다고 강조했습니다. 물리적인 유산보다 감정 유산, 영적인 유산을 강조합니다. 요즘 인기가많은 천주교 수원교구 황창연 신부님의 행복특강이나 국민 건강멘토이시형 박사의 강의 영상에서도 같은 내용이 나옵니다. 남기는 재산이 적으면 적을수록 자식들은 싸울 필요가 없고, 자신이 살아 있는 동안에도 충분히 자기 재산을 사용하니 자식들에 손을 빌리거나 의지할필요도 없습니다. 그러니 물리적인 잉여재산은 살아 있는 동안 최대한 자기 자신과 좋은 일에 쓰기 바랍니다.

영적인 유산을 물려주라

경제적 유산 외에 나는 아버지로부터 물려받은 우표책이 있습니다. 아버지는 체신청 공무원이셨기 때문에 집 안에 우표책이 여러 권 있었습니다. 당시 우체국에서는 한 해 동안 발행한 우표 전부를 한 권의 책자에 원본을 넣어서 기념책자를 발행, 국내외 방문 인사에게 선물을 하였다고 들었습니다. 1970년대 발행된 기념우표 책자 몇 권을 저는 아버지가 나에게 남긴 가장 큰 유산으로 생각하고 있습니다.

결혼 후 서울로 올라오면서 이 우표책자는 제가 가져갑니다 하면서 독립을 했기 때문에 벌써 40년이 다 되어 갑니다. 이 책자의 시세는 한 권당 10만 원이 되지 않습니다만 저에게는 가격으로 비교할 수 없는 가치가 있습니다. 이유는 실크 보자기에 곱게 싸서 소중한 곳에 보관을 하다가 가끔 책자를 열면 돌아가신 아버지를 소환할 수 있기 때문입니다.

부친께서는 자녀들에게 한 번도 화를 내시지 않았습니다. 아버지와의 공놀이, 해수욕장에서의 물놀이 등 어릴 적 즐거운 추억이 떠오릅니다. 또한 40대에 크게 아프셔서 고생했던 모습, 체신노조위원장으로서 광화문 사무실에 계시던 모습, 김포공항에서 비행기를 타고 세계 우정 관련 회의와 국제노동기구(ILO) 회의를 다녀오실 때의 모습 등 아버지와의 소중한 추억들에 빠지게 하는 도깨비방망이가 바로 오래된 우표책입니다.

저 또한 자녀에게 남길 정신적 유산으로 제가 추억에서 소환될 수 있는 공예작품을 몇 개 모으고 있습니다. 아이 수가 적으니 손주들에게도 하나씩 줄 수 있을 것 같습니다. 나를 소환할 수 있는 사상이 담긴 작품을 모아서 남기다 보면 비록 큰돈은 안 될지라도 제가 떠난 뒤에 작품을 보면서 그들의 마음이 따뜻해지지 않을까 기대를 합니다. 가급적이면 융합적인, 창조적인 공예품이나 그림을 모으고 있는데 후손들에게 그런 사람으로 기억되길 바라는 것 같습니다.

경주 최 부자 댁 가훈

정신적 유산으로 가장 유명한 일화가 경주 최씨 부자 이야기입니다. 초등학교 4학년 연계 교과서에도 수록되어 있습니다. 우리나라를 대표하는 노블레스 오블리주 사례인 경주 최 부자 댁의 실전 철학 六訓(육훈)은 다음과 같습니다.

> 손님을 후하게 대접하라
> 흉년에는 논을 사지 마라
> 사방 백 리 안에 굶어 죽는 사람이 없게 하라
> 재산은 만석 이상 모으지 마라
> 최씨 가문 며느리는 시집온 후 3년 동안은 무명옷을 입어라
> 진사 이상의 벼슬은 하지 마라

경주 최부자댁

가훈(家訓)은 가정의 윤리적 지침으로서, 가족들이 지켜야 할 도덕적인 덕목을 간명하게 표현한 것입니다. 가족의 구성원이나 후손들이 올바른 마음가짐과 생활태도로 단란하고 행복한 가정을 이끌어 가고, 이웃과 함께 원만하게 세상을 살아가는 데 필요한 규범을 집안의 가풍에 맞도록 집약하게 됩니다.

가정은 사회생활의 기본적인 바탕이 되는 곳이므로 자녀들이 사회를 보는 눈은 가정에서 형성된 가치관을 통해서 길러지게 되며, 가훈은 사회의 윤리관에 우선하는 것으로, 사회교육에서 기대할 수 없는 독특한 교육적 기능을 가지고 있습니다.

베이비붐 세대만 해도 각 가정에 나름대로의 가훈을 만들었습니다. 1970년대에는 학교를 중심으로 가훈찾기운동을 전개하기도 하였습니다. 각 가정마다 차이는 있어도 학교나 사회생활에서 가훈이 뭐냐고 묻는 경우도 많았고 일부 제출 서류에는 가훈을 적어 내야 하는 경우도 있었습니다. 아이를 키우면서 나는 제 집의 가훈을 가화만사성(家和萬事成)이라고 했다가 뒤에 일체유심조(一切唯心造)라고 바꾸기도 하였습니다. 당시에는 한문을 활용해서 가훈이나 급훈, 학교의 교훈까지 사용하였는데 최근의 세대가 사용하는 용어와 비교해 보면 얼마나 큰 차이가 있는지를 쉽게 알 수 있습니다.

글로벌 명가의 성공비법, 《가훈이 명문가를 만든다》라는 이투데이 권태성 기자의 저서는 외국의 유명한 명문가 가훈을 소개하고 있습니다. 로스차일드 가문의 가훈은 '가족 구성원은 반드시 서로 협력하고, 사랑하며, 아귀다툼하지 않는다'입니다. 가족의 화목과 협력은 어려움을 이겨 내는 원동력이자 가문을 부흥시키는 중요한 요소로 성공한 대부분의 가문은 가족 구성원 간의 유대관계가 남달랐습니다. 로스차일드 가문의 가훈과 뜻을 같이하는 '집안이 화목하면 모든 일이 잘 이루어진다'는 '가화만사성'은 지금도 많은 가정에서 사랑받는 가훈입니다.

김수환 추기경의 인생덕목

1. 말(言)을 아껴라.
말을 많이 하면 필요 없는 말이 나온다.

양 귀로 많이 들으며 입은 세 번 생각하고 열라.

2. 책(牘書)을 가까이 하라.

수입의 1%를 책을 사는 데 투자하라.

옷은 해지면 입을 수 없어 버리지만

책은 시간이 지나도 위대한 진가를 품고 있다.

3. 노점상(露店商)에서 물건을 살 때 깎지 말라.

그냥 돈을 주면 나태함을 키우지만

부르는 대로 주고 사면 희망과 건강을 선물하는 것이다.

4. 웃음(笑)을 생활화 하라.

웃음은 만병의 예방약이며, 치료 약이며

노인을 젊게 하고 젊은이를 童子(동자)로 만든다.

5. TV(바보상자)와 많은 시간을 동거하지 말라.

술에 취하면 정신을 잃고, 마약에 취하면 이성을 잃지만

텔레비전에 취하면 모든 게 마비된 바보가 된다.

6. 성냄(禍)을 금하라.

화내는 사람이 언제나 손해를 본다.

화내는 사람은 자기를 죽이고, 남을 죽이며 아무도 가깝게 오지

않아서 언제나 외롭고 쓸쓸하다.

7. 기도(祈禱)는 녹슨 쇳덩이도 녹이며 천년 암흑 동굴의 어둠을 없애는 한 줄기 빛이다. 주먹을 불끈 쥐기보다는 두 손을 모으고 기도하는 자가 더 강하다.

기도는 자성을 찾게 하며 만생을 유익하게 하는 묘약이다.

8. 이웃(隣)과 절대로 등지지 말라.

이웃은 나의 모습을 비춰 보는 큰 거울이다.

이웃이 나를 마주할 때, 외면하거나 미소를 보내지 않으면 목욕하고 바르게 앉아 자신을 곰곰이 뒤돌아봐야 한다.

9. 사랑(慈愛)하고 감사하여라.

머리와 입으로 하는 사랑에는 향기가 없다.

진정한 사랑은 이해, 관용, 포옹, 동화, 자기 낮춤이 선행된다.

"사랑이 머리에서 가슴으로 내려오는 데 칠십 년 걸렸다."

시니어의 성 평등도 중요하다

노후에 자식들에게 어느 정도의 예우를 받으려면 약간의 재산을 유산으로 주는 것은 좋다고 생각합니다. 당연히 없거나 빚을 남기는 것보다 나은 것이고 후손들에게 약간이라도 도움이 된다면 기뻐할 것입니다. 다만 그 유산이 갈등과 분쟁의 씨앗이라면 그 금액을 최대한 줄일 필요가 있습니다. 살아생전에 자손들이 훌륭한 삶을 살 수 있도록 가족들에게 교육 등 기회를 주거나 공공선을 위한 좋은 일에 쓰기 바랍니다. 그리고 후손들이 오랫동안 보관할 가치가 있고 기억할 수 있는 소품을 통해서 추억과 가훈을 일깨워 주길 바랍니다.

돌아가신 아버지에게 가장 미안한 점이 있습니다. 맏아들로서 아버지와 단둘이 식사 자리를 갖지 못한 점입니다. 어머니 몰래 아버지에게만 용돈을 챙겨 드리지 못한 점도 여한이 남습니다. 대전에 갈 때마다 올라오기 바빴고 그나마 드리는 생활비나 선물도 어머니 중심으로 드렸습니다. 3남매가 모두 그렇게 하다 보니 아버지는 용돈이 부족하여 어머니에게 아쉬운 소리를 할 수밖에 없었고, 집안의 어른으로 체면이 깎인 노후를 보내시다 돌아가셨습니다. 맏아들이라도 아버지를 조금 더 챙기고 대접했어야 한다는 것을 돌아가신 후에야 알게 되었습니다.

지금의 청년 세대는 지난 세월, 열심히 살아온 아버지에게 정기적으로 일정을 잡아 전화도 하고 식사도 하면 좋겠습니다. 가급적 둘이 만나 밥도 먹고 가능하다면 가끔 용돈이나 옷 선물도 하기 바랍니다. 소중하지 않은 사람들에게 쏟는 에너지와 시간, 비용을 과감히 줄이고, 내가 아프고 어려울 때 가장 먼저 달려올 부모님에게, 가족에게, 형제자매에게 사랑을 체감하도록 표현하기 바랍니다.

아버지는 인생의 선배님이자 가장 가까이 있는 멘토입니다. 지금의 60대 아버지는 은퇴 이후 새로운 삶을 시작하여야 하는 또 다른 학생입니다. 한국 사회는 전통적으로 효도문화가 어머니 중심으로 치우쳐 있습니다. 젊은 세대들이 성 평등을 주장하듯 이제 시니어들도 자녀들에게 받을 수 있는 효도의 성 평등을 주장합니다. 명절이나 생일, 가끔 집에 올 때 부모님에게 돈 봉투를 건네려면 각각 따로 넣어서 주기 바랍니다. 가화만사성을 이루는 또 하나의 지혜입니다.

가화만사성

24

은퇴의 키워드는
이별이 아니다

가수 나훈아 씨의 은퇴 시사가 큰 화젯거리입니다. 1947년생으로 70대 후반입니다. 박수 칠 때 떠나라 그리고 고마웠다는 함축된 말의 깊이가 남다르게 다가옵니다. 진정 우리나라를 대표하는 가수로서 그가 남긴 명곡은 셀 수 없이 많습니다. 특히 제가 좋아하는 〈공〉이란 노래도 가수 나훈아의 곡입니다. 그가 남긴 은퇴를 시사하는 글입니다.

고마웠습니다! 여기까지 왔습니다.

한 발 또 한 발 걸어온 길이 반백년을 훌쩍 넘어 오늘까지 왔습니다. 마이크를 내려놓는다는 것이 이렇게 용기가 필요할 줄은 미처 생각지 못했습니다.

'박수 칠 때 떠나라'라는 쉽고 간단한 말의 깊은 진리의 뜻을 저는 따르고자 합니다. 세월의 숫자만큼이나 가슴에 쌓인 많은 이야기들을 다 할 수 없기에 '고마웠습니다!'라는 마지막 인사말에 저의 진심과 사랑 그리고 감사함을 모두 담았습니다. 여러분, 고마웠습니다!

2012년 대한민국의 국민가수 패티 김이 은퇴할 때가 떠오릅니다. 패티 김은 1938년생으로 올해 80대 후반 나이가 됩니다. '나이는 숫자에 불과하다'라는 명제를 입증한 명실상부한 한국 가요계의 전설이 갑자기 은퇴를 한다는 소식에 당시 많은 팬들이 아쉬워했던 기억이 납니다. 패티 김 또한 팬들에게 고마움을 그리고 은퇴 후 본인의 본명인 김혜자로 돌아가 어머니, 할머니로서 가족과 함께할 것이라고 했습니다.

인터뷰에서 사회자가 은퇴 소식을 접하는 분들마다 왜 벌써 은퇴하시는지 의아해하고 계십니다라고 물으니 이렇게 대답합니다.

여러분들도 그렇게 생각하세요? (웃음) 올해로 만 54년을 노래해 왔습니다. 그리고 내년이면 55주년이 됩니다. 저는 지금 보시는 것처럼 건강하고, 노래 아직 잘하고, 멋진 모습으로 당당하게 여러 팬들 기억에 영원히 남고 싶은 마음에 (은퇴에 대해) 오랫동안 고민하고 갈등했습니다. 그리고 지금이 가장 적절한 시기라고 생각을 했어요. 저는 시작도 중요하지만 마무리를 어떤 식으로 멋지게 할 것인가를 10여 년 동안 생각했었습니다. 사실 마음은 더 하고 싶어요. 앞으로 5년, 10년 영원히 하고 싶죠. 그게 솔직한 고백입니다. 하지만 제가 지금의 건강한 상태로 무대를 떠나는 것이 가장 패티 김답다는 생각을 했죠. 석양 질 때의 노을 빛이 온 세계를 완전히 붉게 장식했을 때의 모습, 저는 그렇게 여러분 기억에 남고 싶어요.

은퇴하고 나면 평범한 김혜자(본명) 할머니로 돌아가서 나비로 훨훨 날아다니며 아이들, 딸들과 시간 많이 보내고 싶습니다.

소위 대중의 인기로 먹고사는 많은 직업인이나 예술인들이 있습니다. 이분들의 공통점은 자신을 사랑해 준 팬들에게 가장 좋은 시절의 모습으로 평생 기억되길 바라는 것 같습니다. 물론 송해 선생님처럼 예외적인 사례도 있겠지만 나훈아, 패티 김 같은 대스타의 은퇴사는 '박수 칠 때 떠나라'로 귀결됩니다.

상대적으로 운동선수들의 은퇴는 가수나 배우와는 달리 젊은 나이에 할 수밖에 없습니다. 우리가 알고 있는 2002년 월드컵 4강 신화의 주역들 모두가 현역에서 은퇴했고 일부는 방송인으로 활동하고 있습니다. 2022년 롯데 자이언트의 이대호 선수 은퇴사가 떠오릅니다. 조선의 4번타자 이대호 선수 역시 은퇴 후 가족의 품으로 돌아간다고 합니다.

"마지막으로 남들처럼 여름방학에 해운대 해수욕장에도 데리고 가지 못하는 못난 아빠를 위해 늘 웃는 얼굴로 힘내라고 불러주는 예서와 예승이, 또 독박 육아도 모자라 1년에 절반도 함께하지 못하는 남편을 위해 너무 많은 희생을 해 주는 사랑하는 아내 혜정아 고맙다.

그리고 하늘에 계시는 사랑하는 할머니, 늘 걱정하셨던 손자 대호가 이렇게 많은 사람들 앞에서 사랑을 받고 박수를 받으면서 떠나는 선수가 됐습니다. 오늘 제일 많이 생각이 나고 보고 싶습니다."

은퇴의 종착지는 가족

우리에게 많은 감동을 준 연예인, 배우, 스포츠 스타들이 무대에서 떠나면서 하는 말에는 공통적으로 가족에게 돌아간다가 들어가 있습니다. 또 하나의 특징은 은퇴를 스스로 결정한다는 점입니다. 사실 우리 주변의 많은 은퇴자들은 자신 스스로의 결정이 아니라 법적인 제도와 경영환경의 제약으로 인해 강요된 은퇴를 해야만 합니다. 어떤 이유든 자신의 존재를 인정받았던 조직과는 언젠가 헤어지게 되어 있습니다. 그리고 은퇴하는 대부분 사람들의 삶의 종착지는 결국 가족입니다. 사실 주위에는 돌아갈 가족이 없는 사람도 많습니다. 힘든 하루를 마치고, 또는 젊은 시절의 고단함을 끝내고 은퇴하면서 돌아갈 가족, 가정이 있다면 우리는 진정 삶에게 고맙다고 해야 하지 않을까요. 은퇴의 키워드는 이별이 아니고 가족과 지역사회에 봉사하는 새로운 시작입니다.

최근에 부쩍 회사를 나오는 친구들이 많았습니다. 60세 전후로 은퇴를 하다 보니 명예퇴직까지 포함하여 제 주변의 친구들은 무더기로 은퇴를 하고 있습니다.

그리고 친구들은 수고했다는 말과 함께 축하를 해 줍니다. 이제 새로운 인생 2막을 시작하게 되었으니 축하해로 기를 북돋아 줍니다. 은퇴한 친구들은 여행도 다니고 새로 산 자전거를 타고 운동도 하면서 새로운 출발을 준비합니다.

1년 정도가 지나면 친구들 중에서 삶을 대하는 자세와 태도에 큰 차이가 생기게 됩니다. 역시 빠르게 새로운 근무지가 생겼거나 자기가 할 봉사나 사업을 시작한 친구들은 여전히 활발하게 인생 2막을 살아가고 그렇지 않은 대부분의 친구들은 점점 모임에서 빠지거나 연락이 멀어집니다.

미쉐린 가이드와 백년가게

우리는 맛집을 선별하는 기준으로 미쉐린 가이드라는 제도가 있다는 것을 알고 있습니다. 프랑스의 타이어 제조 회사인 미쉐린이 매년 봄 발간하는 식당 및 여행 가이드 시리즈입니다. 숙박 시설과 식당에 관한 정보를 제공해 주는 〈레드가이드〉와 박물관, 자연경관 등 관광정보를 제공해 주는 부록 형태의 〈그린가이드〉가 있으며, 이 중 흔히 사람들이 많이 알고 있듯 '식당에 별점 매기는' 가이드는 〈레드가이드〉입니다.

맛집 지도인 미쉐린 가이드는 전담요원이 평범한 손님으로 가장해

한 식당을 1년 동안 5~6차례 방문해 직접 시음하고 평가를 내리는데 음식 맛, 가격, 맛의 일관성 등을 기준으로 일정 수의 식당을 엄선하고 다시 이들 가운데 뛰어난 식당에 별(1-3개)을 부여해 등급을 매깁니다. 최고 등급인 별 3개를 달게 되는 경우에는 성대한 시상식을 치르며 별 3개를 달게 되는 요리사는 최고의 명성을 가지게 됩니다.

우리나라에는 미쉐린 가이드에서 스타 레스토랑으로 선정된 별 1개 이상 음식점이 2024년 기준, 총 33개가 있습니다. 별 3개는 '모수'라는 음식점 1개이고, 별 2개는 9개, 별 3개는 23개입니다. 현재 가장 잘나가는 한국의 대표 식당이라고 할 수 있습니다.

출처: https://guide.michelin.com/kr/ko

이와는 별개로 중소벤처기업부에서 주관하는 '백년가게' 제도가 있습니다. 단어에서 바로 이해할 수 있듯이 대를 이어 가업을 승계하는 점포 중심으로 선정되어 있습니다. 백년가게란 30년 이상 명맥을 유지하면서도 오래도록 고객의 꾸준한 사랑을 받아 온 점포 가운데, 중소벤처기업부에서 그 우수성과 성장 가능성을 높게 평가받아 공식 인증받은 점포입니다.

소상공인시장진흥공단에서는 백년가게 국민추천제를 운영하고 있으며 백년소공인 지원제도와 함께 백년가게 육성사업을 주관하고 있습니다. 저도 지역의 맛집이나 서비스 점포를 들어갈 때 백년가게 지정 현판을 이제는 자주 보게 됩니다. 점포주나 직원분들이 자부심도 크고 고객입장에서도 신뢰가 높아지는 효과가 있으며 정부에서 홍보, 판로개척, 시설개선과 각종 지원사업에서 우대를 해 주고 있으니 향후 백년가게 지정 수요는 많아질 것으로 보입니다.

가까운 이웃 나라 일본은 어떨까요. 장인 정신으로 유명한 일본은 100년이 넘는 역사를 가진 노포가 무려 1만 5,000곳이 넘는다고 알려

져 있습니다. 일본은 100년이 아니라 이미 천년가게를 다수 보유하고 있습니다. 세계 1위 장수기업인 오사카에 있는 건축 회사 곤고구미는 무려 1442년의 역사를 가지고 있으며, 이를 포함해 1,000년 이상 역사를 가진 가게가 모두 9개나 됩니다. 오랜 세월을 유지하는 노포들을 살펴보면 기존 환경에 변화가 생겨도 품질을 낮추거나 문을 닫지 않습니다. 언제든 믿고 사는 물건과 변함없는 음식의 맛은 장사의 기본, 손님과의 신뢰이기 때문입니다.

미쉐린 가이드와 백년가게 두 개의 인증제도를 소개한 배경은 우리 각자가 현역으로 일을 할 때는 미쉐린 가이드 스타점포에 가깝고 은퇴를 하는 시점 전후에는 백년가게로의 자세 전환이 필요하다는 점을 강조하고 싶기 때문입니다. 가장 중요한 것이 후계자 육성입니다. 가업의 정신과 전통을 지켜 나가는 자세가 중요한 것처럼 은퇴자 스스로 자신의 강점과 전공을 살린 영역을 개척해 나가기 바랍니다. 특히 지속가능성이 매우 중요합니다.

백년기름특화거리: 모란전통기름시장

성남의 모란상권에는 모란전통기름시장이 있습니다. 저는 소상공인시장진흥공단의 백년가게 심사평가위원으로 매년 여러 점포를 다니고 있습니다만 제가 성남시에 살고 있어서인지 최근 몇 년간 계속해서 모란전통기름시장의 백년가게 신청점포를 평가차 다녀왔습니다. 이 시장에는 평균 40년 이상, 기름을 직접 짜서 도소매 유통을 하고 있는 점포가 약 40여 개 됩니다. 백년가게 지정을 많이 받다 보니 전국에서 최초로 '백년기름특화거리'로 지정을 받아 이제는 관광명소가 되었습니다. 시간이 되면 참기름, 들기름을 사러 한번 다녀오시기 바랍니다.

80세 이상된 노모가 나와 계신 점포가 많고 며느리부터 손자까지 2, 3대 자손들이 같이 사업체를 운영하고 있는 모습을 보면 부럽기까지 합니다. 특히 점포 벽면에 어머니와 같이 찍은 후계자의 사진을 보면 또 다른 감동과 신뢰를 갖게 됩니다. 비록 10평 정도밖에 안되는 소형 점포일지 몰라도 백년가게 사장님의 눈에는 자부심과 홍익인간의 정신이 살아 넘치고 있습니다.

출처: 성남시상권활성화재단 블로그

25

조화롭고 행복한
삶을 위한 조언

성장기를 제외하고 결혼과 취업을 한 이후의 30년 삶을 되돌아볼 때 가장 행복한 적이 언제였을까 생각을 해 봅니다. 베이비붐 세대에서는 취업이 비교적 용이하고 여러 곳에 취업을 해서 선택을 했기 때문에 기쁘기는 했지만 행복한 순간으로 표현하는 것은 다소 무리가 있습니다. 아마도 첫 번째로 꼽을 수 있는 것은 아내와의 결혼 그리고 첫째, 둘째 아이의 탄생입니다. 비록 제 집은 아니었지만 월급을 타서 아내와 함께 아이 둘을 키웠던 시간이 서로 간에 가장 조화롭고 행복한 시간이었습니다.

두 번째는 처음으로 광명시에 주공아파트를 살 때는 그렇게 기쁘지 않았는데 어렵게 송파구에 국민평형인 32평 아파트를 사서 이사를 했을 때 참 행복했습니다. 구입한 아파트 인테리어도 하고 초등학교에 다니는 아이들 방을 만들고 가족여행을 다녔던 시절이 좋았습니다. 이때는 자가용도 있어서 가장으로, 아빠로서 제 역할을 했던 기간이라 가족의 조화와 행복을 체감한 시간이었습니다.

개인적으로 직장에서 승진도 하고, 아이들이 다 나름대로 원하는 대학에 들어가고 대치동의 이름 있는 아파트에서 남들이 보기에 잘 살았지만 행복했다고 말하기는 어려운 것 같습니다. 바쁘다는 핑계로 부모님, 아이들, 형제자매들, 친구들 모두에게서 멀어진 시간이었습니다. 오직 나 자신의 영달과 생존만을 추구한 시간으로, 뒤돌아보니 미안함과 후회의 시간입니다.

내 사업을 하는 시간도 고생을 많이 한 기억이 많아서 행복과는 거리가 있고, 오히려 가장 어려웠던 시간의 결과로 경영지도사 시험 합격과 한국비즈컨설팅 설립을 했던 시간부터가 제 삶의 가장 큰 행복과 평화를 주고 있다고 평가합니다. 경영컨설팅 법인을 설립하고 처음 3년간은 예상대로 시장에서 자리를 잡기가 쉽지는 않았지만 성취감과 자신감은 조금씩 상승한 시기였습니다. 경제적으로 힘들었던 기간 중에 부친께서 갑자기 돌아가시고, 딸도 결혼을 해서 늘 마음 한 편이 무거웠습니다만 세상은 저에게 좀 더 인고의 시간을 준 것 같습니다.

아내의 사업도 자리를 잡고 경영컨설턴트로서의 수입도 빠르게 늘어나다 보니 경제적으로도 집안이 예전의 안정을 되찾았습니다. 딸과 아들도 취업과 결혼을 했고 분당에 각자 집을 다 장만했습니다. 손녀도 밝게 잘 자라고 가족이 된 사위와 며느리도 우리 부부에게 잘하고 있으니 부러울 게 없는 시간을 보내고 있습니다. 말년의 행복이 정말 중요하다고 하던데 지금 제 마음은 삶에서 가장 조화롭고 행복한 시간을 보내고 있다고 생각합니다.

비록 어머니께서 5년 전에 지병으로 돌아가셨지만 3남매 모두 임종까지 최선을 다해 보필해 드렸고 행복하게 눈을 감으셨습니다. 지난해 가을, 탄천의 벤치의자에 앉아 파란 하늘을 보면서 저도 모르게 참 평화롭다, 편안하다를 혼자 중얼거렸습니다. 아내와의 사랑도, 형제자매간의 우애도, 회사 동료들과의 관계도, 친구들과의 우정도 편안함 그 자체였습니다. 세상은 언제 급변해서 다시 위기와 어려움을 줄지 모르겠지만 지금은 아내와 함께 이 조화롭고 행복한 삶을 즐기려고 합니다.

어센틱 필링(Authentic Feeling)

제 삶에서 조화롭고 행복함을 느낀 시간의 공통점은 '어센틱 필링(Authentic Feeling)'입니다. 우리 말로 해석하면 진정한 감정입니다. 제가 용기를 내어 제 마음속의 진정한 감정을 표현했던 순간이 이러한 행복의 문을 열었습니다. 어찌 보면 인생을 살면서 제 자신을 들여다보고, 마음 깊은 곳에 억눌려 있거나 가식적으로 포장되어 있었던 가면을 벗어 버리는 순간이 그렇게 많지 않았다는 반증이기도 합니다.

진정한 감정이란 무엇인가? 간단히 말해서 진정성은 자신의 감정과 다른 행동을 하라는 압력에 관계없이 자신의 성격, 가치, 정신에 충실하다는 것을 의미합니다. 자신과 다른 사람에게 정직하며, 자신의 실수에 대해 책임을 집니다. 따라서 자신의 가치, 이상 및 행동이 일치합니다. 어센틱 필링은 자기 인식(self-awareness)과 자기 수용 (self-acceptance)의 과정을 통해 발전할 수 있으며, 개인의 정체성과 자아 존중감을 강화시키는 데 도움을 줍니다. 어센틱 필링은 개인이 자신의 진정한 자아를 타인에게 보여 줄 때 발생하는 진정성과 연결되어 있습니다. 이는 관계에서의 솔직함과 신뢰를 증진시키며, 개인이 자신의 감정을 이해하고 표현하는 방법을 통해 더 건강하고 충족된 삶을 살 수 있도록 합니다.

두 아이의 부모인 다니엘과 제니의 사례입니다. 다니엘은 성공적인 경력을 쌓는 동안, 가정에서도 완벽한 아버지이길 원했습니다. 그는 자신의 스트레스나 불안을 감추며, 언제나 활기차고 긍정적인 모습만을 보여주려 했고, 제니는 다니엘의 이런 모습을 알면서도 그의 진심을 이해하려 노력했습니다.

어느 날, 그들의 첫째 아이인 루카스가 학교에서 문제를 겪기 시작했는데 루카스는 친구들과의 관계에서 자신의 진짜 감정을 표현하지 않고, 다른 아이들이 원하는 대로 행동하려 했습니다. 이로 인해 그는 점점 스트레스를 받고, 가정에서도 자주 화를 내기 시작합니다.

다니엘과 제니는 루카스의 교사와 상담을 통해 이 문제를 알게 되었고, 루카스가 자신의 감정을 솔직하게 표현하는 법을 배우도록 돕고자 했습니다. 제니는 루카스에게 자신의 감정을 솔직하게 이야기할 수 있는 환경을 만들어 주기 위해 노력했으나, 다니엘은 여전히 자신의 방식대로 문제를 해결하려 합니다.

제니는 다니엘에게 그의 거짓된 긍정만이 아닌, 때로는 부정적인 감정도 표현하는 것이 중요함을 설명합니다. 아이들에게 진정한 자신의 모습을 보여 줌으로써, 그들도 자신의 감정을 올바르게 표현할 수 있는 모범을 보여 줄 수 있다고 그녀는 믿었습니다.

결국, 다니엘은 자신의 내면을 들여다보고, 왜 그가 항상 긍정적인 척해야만 했는지에 대해 성찰하기 시작했고 그는 제니와의 깊은 대화를 통해, 가끔은 자신의 약점을 드러내는 것이 오히려 강점이 될 수 있음을 깨달았습니다.

이 변화는 루카스에게도 긍정적인 영향을 미치고 그는 부모님이 자신의 진짜 감정을 솔직하게 나누는 것을 보며, 스스로도 자신의 감정에 솔직해질 수 있는 용기를 얻었습니다. 점차 루카스는 학교에서도 자신의 진정한 감정을 표현하기 시작했고, 친구들과의 관계에서도 더욱 진정성 있게 행동할 수 있게 되었습니다.

나는 위에서 든 사례의 다니엘처럼 많은 시간을 인정받기 위해 살아왔다고 생각합니다.

나를 둘러싼 모든 사랑하는 분들에게 내 진정한 속마음보다는 그들이 좋아할 거짓 감정을 표현하는 데 익숙해진 것입니다. 지금은 제가 행복의 문을 열었던 비밀을 알고 있기 때문에 아내를 비롯하여 누구에게도 제 감정을 진솔하게 전달합니다. 그것이 불편하여 멀어지거나 심지어는 헤어지는 사람이 생길지라도 혈족이 아닌 이상 개의치 않습니다. 어차피 제 행복과는 거리가 먼 사람이기 때문입니다. 다행히도 아내와 제 가족은 이런 저에게 기회를 주었습니다.

진정한 감정을 표현하기 위해서는 먼저 자신의 진정한 감정과 가치를 이해하려고 노력해야 합니다. 이후에 자신이 느끼는 감정을 인식하고, 이를 건강한 방법으로 표현하여야 합니다. 자신의 장점과 단점을 모두 받아들이고, 자기비판적인 태도를 줄여야 합니다. 때때로 자신의 취약한 면을 드러내는 것은 깊은 인간관계를 형성하는 데 중요합니다. 솔직하고 개방적인 의사소통을 통해 타인과의 관계에서 진정성을 유지하기 바랍니다.

칼 로저스(Carl Ransom Rogers, 1902-1987)는 20세기에 가장 영향력 있는 심리학자 중 한 명으로, 인간중심 치료(또는 클라이언트 중심 치료)의 창시자입니다. 그의 접근 방식은 심리치료와 상담 분야에서 혁신적인 전환점을 마련했으며, 교육, 조직 관리, 분쟁 해결 등 다양한 분야에도 영향을 미쳤습니다.

로저스는 모든 인간이 자신의 잠재력을 최대한 발휘하고자 하는 기본적인 욕구를 가지고 있다고 봤습니다. 이는 사람들이 스스로 성장하고 발전하며, 자신의 삶에서 의미와 만족을 찾을 수 있는 능력을 내포하고 있음을 의미합니다. 로저스는 개인이 자신의 삶에서 직면하는 문제를 해결하고, 자기 자신을 더 잘 이해하며, 자아실현을 향해 나아갈 수 있도록 돕는 데 중점을 뒀습니다. 그의 이론과 실천은 개인이 자신의 내면의 목소리에 귀 기울이고, 자신의 진정한 감정과 생각을 탐색할 수 있는 공간을 제공함으로써, 자기 수용과 개인적 성장을 촉진합니다.

긍정의 힘

행복한 삶을 여는 또 하나의 열쇠는 바로 긍정의 힘입니다. 긍정적인 사고와 태도는 자신감과 자존감을 높여 줄 뿐만 아니라 주위에 있는 많은 사람들과 좋은 에너지를 활발히 주고받게 해 줍니다. 매사에 부정적인 사람은 조직 자체를 위험에 빠트릴 수 있습니다. 우리가 수행하는 많은 업무는 성공적으로 수행하기에 많은 어려움을 극복해야 합니다. 팀장으로서 팀원을 뽑는다면 누구를 뽑겠습니까?

에피소드 1: 해나의 새로운 시작

해나는 서른 살의 그래픽 디자이너로, 최근에 직장을 잃은 후 자신감도 함께 잃었습니다. 그녀는 자신의 미래에 대해 회의적이었지만, 긍정적인 태도를 유지하기로 결심합니다. 매일 아침 거울 앞에서 "오늘도 좋은 일이 생길 거야."라고 스스로에게 말하며 하루를 시작합니다. 이 작은 변화는 해나에게 큰 영향을 미쳤습니다. 그녀는 새로운 기회를 찾아 나서며, 면접에서 자신감을 보여 줍니다. 결국, 그녀는 자신이 원했던 회사에서 디자이너로 채용되었고, 긍정적인 태도가 자신의 운명을 바꿀 수 있다는 것을 깨닫습니다.

에피소드 2: 준호의 마라톤 도전

준호는 35세의 은행원으로, 평범한 삶을 살아가고 있었습니다. 어느 날, 그는 자신에게 도전하고 싶다는 생각에 마라톤에 참여하기로 결심합니다. 그러나 준호는 운동에 자신이 없고, 많은 사람들이 그의 결정을 의심했습니다. 준호는 이 모든 부정적인 생각들을 긍정적인 에너지로 바꾸기로 마음먹습니다. 그는 매일 아침 일찍 일어나 달리기를 시작하고, 자신에게 "난 할 수 있어."라고 말하며 훈련에 임합니다. 수개월 후, 준호는 자신의 첫 마라톤을 완주합니다. 그의 성취는 그에게 긍정적인 사고가 신체적 한계마저 극복할 수 있음을 보여 줍니다.

에피소드 3: 민지의 소통의 벽 넘기

민지는 30대 초반의 마케팅 전문가로, 팀워크와 소통의 어려움으로 인해 직장생활에 어려움을 겪고 있었습니다. 그녀는 종종 자신의 아이디어가 팀에 제대로 전달되지 않는다고 느꼈고, 이로 인해 스트레스를 받았습니다. 하지만 민지는 상황을 긍정적으로 바꾸기로 결심하고, 팀원들과의 관계 개선에 적극적으로 나섭니다. 그녀는 각 팀원의 강점과 관심사를 이해하기 위해 노력하고, 정기적으로 소통의 시간을 가지며, 긍정적인 피드백을 주기적으로 제공합니다. 이러한 노력 끝에, 민지는 팀 내에서 소통의 장벽을 허물고, 프로젝트의 성공적인 완수로 이어지는 강력한 팀워크를 구축합니다.

이 세 에피소드는 긍정의 힘이 개인의 삶을 어떻게 변화시킬 수 있는지 보여 줍니다. 해나, 준호, 민지의 이야기는 모두 다르지만, 그들이 공통적으로 가진 것은 긍정적인 태도입니다. 이는 그들이 직면한 어려움을 극복하고, 자신의 목표를 달성하며, 삶을 보다 풍요롭게 만드는 데 결정적인 역할을 했습니다. 긍정의 힘은 단순히 긍정적인 생각을 넘어서, 우리의 행동과 결정에 영향을 미치며, 결국 삶의 질을 향상시키는 강력한 도구가 됩니다.

긍정의 힘을 키우기 위해서 부정적인 생각이 들 때마다 긍정적인 생각으로 대체해 보기 바랍니다. 예를 들어, "나는 실패할 것이다."라는 생각이 들면, "나는 이것에서 배울 것이 있고, 성공할 수 있는 기회가 있다."로 바꿔 보시기 바랍니다. 그리고 매일 감사한 일을 3가지씩 적는 습관을 가져 보기 바랍니다. 이 작은 연습은 삶의 긍정적인 측면에 더 집중하게 만듭니다. 긍정적인 태도를 가진 사람들과 함께 시간을 보내는 방법도 유효합니다. 그들의 태도가 당신에게도 영향을 미칠 것입니다. 말하는 방식을 바꿔서 더 긍정적인 단어와 표현을 사용해 보는 방법도 매우 좋습니다. 언어는 생각과 태도에 큰 영향을 미칩니다. 자신에게 긍정적인 말을 반복해서 말해 보세요. 예를 들어, "나는 충분히 가치가 있고, 모든 일을 잘 해낼 수 있다."와 같은 긍정적인 확인을 매일 아침 반복합니다.

라포(rapport)의 형성

조화롭고 행복한 삶의 문을 여는 마지막 열쇠는 바로 라포의 형성입니다. 라포(rapport)는 사람들 사이에 형성되는 긍정적이고 조화로운 관계를 의미합니다. 이는 서로 간의 신뢰, 이해, 존중이 잘 조화를 이루는 상태로, 상호작용하는 사람들 사이에 안정적이고 편안한 연결감을 만들어 냅니다. 라포는 개인이나 집단 간의 의사소통에서 중요한 역할을 하며, 상담, 교육, 사업, 의료 및 일상생활의 다양한 상황에서 중요하게 여겨집니다.

라포를 구축하는 것은 다음과 같은 요소를 포함할 수 있습니다. 상대방의 감정과 경험을 이해하고 공감하는 능력은 상대방이 진정으로 이해받고 있다고 느끼게 만들어 줍니다. 상호작용하는 동안 긍정적이고 친근한 태도를 유지하는 것은 대화 분위기를 편안하게 만들고, 상대방이 더 열린 마음을 가지게 도와줍니다. 상대방을 존중하고 그들의 의견이나 느낌을 가치 있게 여기는 태도는 더 깊은 의사소통을 가능하게 합니다. 상대방이 말하는 것에 집중하고, 관심을 보이며, 질문이나 피드백을 통해 그들의 말에 반응하는 것은 상대방이 소중하게 여겨진다고 느끼게 만듭니다. 몸짓, 눈 맞춤, 표정 등의 비언어적 신호들은 상대방과의 친밀감과 연결감을 강화하는 데 중요한 역할을 합니다.

라포는 성공적인 관계를 위한 기초이며, 이를 통해 사람들은 더 심충적이고 의미 있는 대화를 나눌 수 있습니다. 라포가 잘 형성되면, 상호작용하는 사람들은 더욱 편안하고 긍정적인 경험을 할 수 있으며, 이는 공동의 목표를 향한 협력을 증진시킬 수 있습니다.

라포를 연구한 미국 심리학자로서 존 가트맨(John Gottman) 박사가 있습니다. '감정(emotion)'에 초점을 둔 부부, 부모-자녀 관계 연구의 세계적인 권위자이자 전문가입니다. 그의 연구 결과는 지난 30년 동안 모든 관련 연구에 항상 인용될 정도로, 가트맨 박사는 이 분야의 선각자 역할을 해 오고 있으며 NBC, ABC, BBC, 〈오프라 윈프리 쇼〉 같은 유수한 매체에 여러 차례 소개되었습니다. 결혼과 가족 문제 연구소 '가트맨 연구소(Relationship Research Institute)'의 설립자이자 소장이며,《행복한 부부, 이혼하는 부부》등 여러 권의 가정 관련서를 저술했습니다.

가트맨은 부부간의 상호작용에서 긍정적인 행동과 부정적인 행동의 비율이 중요하다고 주장했습니다. 그는 성공적인 관계를 유지하는 부부는 긍정적인 상호작용과 부정적인 상호작용의 비율이 대략 5:1이라는 것을 발견했습니다. 즉, 부정적인 상호작용 하나에 대해 긍정적인 상호작용 다섯 개가 필요하다는 것입니다.

존 가트맨이 식별한 부부간의 상호작용에서 파괴적인 네 가지 커뮤니케이션 패턴, 즉 "네 가지 종말의 기수(The Four Horsemen)"에 대해 사례를 통해 자세히 설명하겠습니다.

✓ **비판(Criticism)**: 개인의 특정 행동이 아닌, 파트너의 성격이나 캐릭터를 공격하는 것입니다. "너는 항상 집을 엉망으로 만들어. 너는 정말 무책임해." 이러한 비판은 파트너의 특정 행동(집을 어지럽힘)을 지적하는 대신, 파트너의 성격(무책임함)을 공격합니다.

✓ **멸시(Contempt)**: 파트너를 경멸하거나 무시하는 태도로, 비웃음, 조롱, 비꼬는 말을 포함합니다. 이는 관계에서 가장 해로운 형태의 커뮤니케이션으로 간주됩니다. "너 정말 바보 같아. 나는 네가 이렇게 멍청할 줄 몰랐어." 이러한 말은 파트너를 경멸하고 자존감을 무너뜨립니다.

✓ **방어(Defensiveness)**: 비판이나 공격을 받았을 때, 자신을 보호하기 위해 사용하는 반응입니다. 종종 문제를 해결하기보다는 갈등을 증폭시킵니다. 한 파트너가 "왜 약속 시간에 늦었어?"라고 물었을 때, 다른 파트너가 "나만 항상 늦는 것처럼 말하지 마. 너도 어제 늦었잖아!"라고 응답하는 경우입니다. 이러한 방어적인 반응은 책임을 회피하고 상황을 역전시키려 합니다.

✓ **회피(Stonewalling)**: 대화나 상황으로부터 철저하게 철수하는 것입니다. 이는 주로 과도한 비판이나 멸시에 대한 반응으로 발생합니다. 한 파트너가 문제에 대해 이야기하려고 할 때, 다른 파트너가 응답을 거부하고 방을 떠나거나 '벽을 치는' 행동을 보이는 경우입니다. 이는 파트너와의 의사소통을 완전히 중단시키

며, 문제해결에 전혀 도움이 되지 않습니다.

가트맨에 따르면, 이 네 가지 커뮤니케이션 패턴은 부부 관계의 안정성과 만족도에 부정적인 영향을 미치며, 결국 관계의 붕괴로 이어질 수 있습니다. 따라서 부부는 이러한 파괴적인 커뮤니케이션 패턴을 인식하고, 갈등을 건설적으로 해결하는 방법을 배워야 합니다.

라포 형성

가트맨은 감정적 지능이 부부관계의 성공에 중요한 역할을 한다고 주장했습니다. 부부가 서로의 감정을 이해하고 적절하게 반응할 수

있는 능력은 관계의 안정성과 만족도를 높이는 데 중요합니다. 그는 모든 관계에는 일정 수준의 갈등이 존재한다고 보았으며, 이 갈등을 건설적으로 관리하는 방법을 배우는 것이 중요하다고 강조했습니다. 가트맨은 라포와 상호 존중이 강한 부부 관계의 핵심 요소라고 봤습니다. 그는 커뮤니케이션 능력, 상호 존중, 공감 능력 등이 강한 부부가 관계에서 더 큰 만족도와 안정성을 경험한다고 설명했습니다.

조화롭고 행복한 삶을 위한 조언으로 어센틱 필링(Authentic Feeling), 긍정의 힘과 라포(rapport)의 형성 세 가지가 행복한 삶을 위한 열쇠라고 설명을 드렸습니다. 이 세 가지는 여러분들 스스로가 중심이 되어 나에게 가장 소중한 인연들과 함께 조화롭게 행복한 삶을 살아가는 데 필요한 핵심 역량입니다. 이러한 핵심 역량을 키워 나가는 노력을 통하여 우리 모두는 자신의 삶에서 소중한 사람 중심의 상화경영을 실천해 갈 수 있습니다.

조화롭고 행복한 삶

'범사에 감사하라 이는 그리스도 예수 안에서 너희를 향하신 하나님의 뜻이니라' 데살로니카 전서 5장 18절에 적힌 말씀입니다. 종교적인 신앙을 떠나서 최근 들어 저 또한 이 문장을 여러 번 되새길 때가 많아집니다. 범사는 '모든 일' 또는 '평범한 일'을 가리키는 명사입니다. 범사에 감사하라는 것은 '모든 일, 평범한 일에 감사하라'는 의미입니다. 우리는 누군가에게 '감사합니다'라는 표현을 하게 되면 긍정적인 마인드셋이 형성되는 것을 알게 됩니다. 긍정의 힘이 곧 '감사'입니다.

좋은 부모님을 만난 것은 저에게 가장 큰 감사입니다. 할머니의 사랑도 많이 받아 어릴 적 기억은 어머니보다 할머니 품과 손에 대한 추억이 더 많습니다. 특히 가난한 집안으로 시집을 온 어머니께서 보여주신 자녀에 대한 교육열과 강한 경제력은 제 삶에 큰 영향을 미쳤습니다. 아들이 귀한 집안의 맏이인 만큼 사랑을 많이 받고 자랐습니다.

한편으로 좋은 부모님을 만난 것보다 부모님 두 분을 제가 살아 있을 때 보내 드린 것에도 감사를 드립니다. 자식보다 부모가 먼저 돌아가시는 것이 세상의 순리이나 현실은 그렇지 않아 자식을 먼저 보낸 부모의 눈물을 많이 지켜보았습니다. 저에게는 태어나 1년이 안 되어 죽은 형이 있다고 들었습니다. 부모님 두 분 다 결혼반지를 팔아 수술비를 대었지만 살리지 못하였다고 합니다. 한 번도 보지 못한 혈육이지만 돌아가실 때까지 제대로 표현하지 못한 두 분의 심정을 헤아리면 마음이 아픕니다. 40대 후반, 제가 병원 항암 병동에 있을 때 가족 걱정도 되었지만 대전에 계신 부모님 걱정도 컸습니다. 병이 다 나을 때까지 말씀도 안 드렸습니다. 다행히 큰 병이 안 되고 퇴원을 해서 부모님 두 분을 먼저 보내 드리게 되었으니 얼마나 다행인지 저에게는 가장 큰 감사입니다.

자녀들이 성장하는 시기에 저는 딸과 아들에게 손찌검을 한 적이 있습니다. 제 기억으로는 딱 한 차례씩 했던 것 같습니다만 평생 후회가 되기에 이 책을 통해 용서를 구합니다.

아이 둘을 키우면서 돌이켜 보면 사랑의 매는 분명히 없다고 확신합니다. 베이비붐 세대는 참 많이 맞고 자랐습니다. 집에서도 학교에서도, 군대에서도 어느 정도 맞는다는 것이 일상사였습니다. 그렇지만 세상이 바뀌었습니다. 맞아서 컸으니 때려도 된다고 생각했는지 모르겠습니다만 잘못된 행동은 분명합니다. 자녀는 제 몸을 빌려 태어난 소중한 인격체라는 사실을 명심해야 합니다.

다행히도 딸, 아들 모두 공부도 잘하고 나름대로 좋은 대학을 나와서 가정을 이루고 사회의 밀알로 역할을 하고 있습니다. 아이 둘 다 결혼하여 가정을 이루어 손주들까지 태어나니 제 또래에 분에 넘치는 행복을 누리고 있습니다. 사위도 생기고 며느리도 생겼으니 가족이 늘었습니다. 나이 들면서 하나둘씩 떠난다고 생각했는데 실상은 하나둘씩 늘어갑니다. 사돈 내외분하고도 새로운 인연이 생겼습니다. 사위도 며느리도 다 내 자식입니다. 자손들이 모두 건강하고 행복하게 살도록 여건이 되는대로 지지대 역할을 하겠습니다.

인생의 동반자인 아내는 제가 가장 사랑하고 의지하는 힘입니다. 아내를 보면 힘이 난다는 것은 평생 죽을 때까지 책임을 지고 먹여 살리겠다는 초심이 아직도 제게 남아 있음을 말합니다. 아내는 가끔 저를 보면 아직도 설레인다는 표현을 하는데 이때마다 기분이 좋아집니다. 저도 아내가 좋아하는 말이나 행동이 무엇인지 알고 있습니다만 기회를 활용하는 타이밍을 잘 놓칩니다.

결혼생활 30년이 훌쩍 넘어가면서 부부의 역할관계도 많은 변화가 있습니다. 지금은 모계사회의 질서가 정립이 되었습니다. 과거에는 없던 남편의 모습을 보이려는 노력을 아마도 죽을 때까지 하여야 할 것 같습니다. 물론 적절히 반항하면서 해야 할 것 같지만 아내가 웃고 편안해야 가정이 화목해지고 저 또한 평화를 즐길 수 있습니다. 지금의 아내를 만난 것은 제가 가장 잘한 최고의 선택입니다.

'내려갈 때 보았네, 올라갈 때 못 본 그 꽃'이란 시구절이 지금의 제 마음을 잘 표현합니다. 어떻게든 살아 보려고 제 부모님 세대, 저를 포함한 베이비붐 세대도 앞만 보고 달려왔습니다만 소중한 많은 것을 놓치며 산 것 같습니다. 나태주 시인의 〈풀꽃〉이란 시 또한 제 심금을 울립니다. '자세히 보아야 예쁘다. 오래 보아야 사랑스럽다. 너도 그렇다'라는 시구절이 우리의 자화상이 되면 좋겠습니다.

우리의 후손들이 성장하면서 보다 행복하기를 바랍니다. 젊은 시절 많이 바쁘다는 의미의 이면에는 굳이 그렇게 하지 않아도 될 미래의 시간을 당겨쓰기 때문이라고 합니다. 후회가 되는 시간들이 많다 보니 지금의 청년 세대는 자신에게 소중한 분들에게 더 많은 시간과 사랑을 표현하면서 살기 바랍니다.

인연이 된 중소기업 임직원과 소상공인, 상권활성화와 지역사회 발전에 헌신하신 분들이 보다 훌륭한 삶을 사는 데 도움을 드리고자 노력하여 왔습니다. 그동안 제 삶에 선한 영향력을 주신, 삶의 지혜와 방향을 제시하여 주신 선배님과 은사님, 친구들에게 고개 숙여 감사를 드립니다. 삶의 조화와 평안, 건강 그리고 행복하시길 소망합니다.

감사합니다. 심산

참고문헌

- 이진명 외, '늙어가는 한국, 평생 공부하고 일하는 삶 익숙해져야', 매일경제, 2024. 01. 16.
- 파이낸스코리아, '라이프사이클에 대해 알아봐요', 파이낸스코리아, 2018. 05. 09.
- 통계청, '인구 상황판_인구로 보는 대한민국', KOSIS.
- EBS, '인구대기획, 초저출생 10부작', EBS다큐멘터리
- 이태석, 노인연령 상향 조정의 가능성과 기대효과, KDI FOCUS, 2022. 09. 06.
- 김민지, [그래픽] 2024년 분야별 예산, 연합뉴스, 2023. 12. 21.
- 세종시 고라니, 가짜뉴스가 심각한 이유, 서울시공익활동지원센터, 2023. 07. 19.
- 이도은, '92세 이길여' 최강 동안 비결, 중앙일보, 2024. 02. 27.
- 이지현, '103세 김형석 교수_내 나이 될 때까지 행복한 인생 살아주길', 이데일리, 2023. 09. 12.
- 엠포스 데리터전략실, '데이터 분석가가 보는 트렌드코리아 2024', 엠포스데이터랩, 2023. 09. 19.
- 스마트공장 사업관리시스템 홈페이지, https://www.smart-factory.kr/
- 협동조합 홈페이지, https://www.coop.go.kr/home/index.do
- 김성윤, '아무 가르침 없던 아버지, 절대 사지 말라 한 골동품 두 가지는', 조선일보, 2024. 01. 27.
- Q-net 홈페이지, https://www.q-net.or.kr/, 한국산업인력공단
- 6차산업, https://www.xn—6-ql4f73k2zh.com:448/home/main.cs, 농림수산식품교육문화정보원
- 지혁민, '내후년 6월 개통예정 GTX A노선(운정~동탄) 최대한 앞당긴다', SMARTTODAY, 2022. 07. 31.
- 최광표, '인간은 시간의 동물이다', 시사PRIME, 2022. 09. 14.

- 화이, '제주도 건축여행: 유동룡미술관', https://blog.naver.com/hwaitoto, 2023. 11. 23.

- 라이프 시크릿, '제임스 카메론, 나에게 한계는 없다는 아바타2 감독', brunchstory, 2023. 01. 09.

- 교육부, 2023년 국외 고등교육기관 내 한국인 유학생 현황 자료, 2023.

- 고용노동부, 2022년 고용형태별 근로실태조사 보고서, 고용노동통계, 2023. 08. 31.

- 짐 콜린스, 좋은 기업을 넘어 위대한 기업으로, 김영사, 2021. 03. 22.

- 꿈날개 진단서비스, https://www.dream.go.kr/, 경기도일자리재단

- 한국청년기업가정신재단 홈페이지, http://www.koef.or.kr/

- 미하이 칙센트미하이, namu.wiki

- 몰입아카데미 홈페이지, https://molip.co.kr/, 황농문 교수

- 이상화, '창업가정신, 창업역량 및 창업가 특성이 창업만족도에 미치는 영향', 2015.

- Rotary, https://www.rotary.org/ko, Rotary Internatonal, 2023.

- 제주스, '제주 걸어가는 늑대들 전이수갤러리', https://blog.naver.com/viviensoo/ 223350678782, 2024. 02. 12.

- 이계선, '선한레시피', 스토리블라썸, 2015. 10. 05.

- 전남대학교, '강소농 육성정책사업의 활성화 연구 보고서', 농촌진흥청, 2011.

- KB국민은행, '월간 KB주택가격동향', 2024. 02.

- 통계청, '2023년 가계금융복지조사 결과', 2023. 12. 07.

- 한국은행 홈페이지, https://www.bok.or.kr

- 김소영, '꼭 알고 있어야 할 2024년 바뀌는 청년 지원제도 4가지', 인사이트, 2023. 11. 24.

- SUNNYSOO, 워런버핏 투자원칙, SUNNYSOO.COM, 2023. 10. 17.

- rabonggb.tistory.com, 벤저민 그레이엄 현명한 투자자: 가치투자, 2023. 05. 13.

- 달인2, '피터린치의 투자원칙 10가지 분석', 경제생활의 달인, 2023.07.28.
- 질링스, '레이 달리오 올웨더 투자 원칙', https://zillix.tistory.com, 2023.04.23.
- 로버트 기요사키, '부자 아빠 가난한 아빠', 황금가지, 2009.03.02.
- 스타판 M. 폴란&마크 레빈, 'Die Broke', Harper Business, 1998.
- 시온파파, '대한민국 양육비 계산기, 아이1명 키우는데 얼마나 들까', https://blog.naver.com/ksh9205270, 2023.09.21.
- 통계청, '국민 삶의 질 2023 보고서', 통계개발원, 2024.02.
- 이정현, '아파트 캥거루족 68%, 결혼 전까지 독립계획 없어', 연합뉴스, 2024.03.14.
- 교육부, '2022년 고등교육기관 졸업자 취업통계조사', 한국교육개발원, 2023.12.27.
- 신윤정, '청년들의 결혼과 출산에 대한 태도와 특징', 통계개발원, 2023.12.20.
- 재단법인 김영식세자녀출산지원재단 홈페이지, birth.or.kr
- 은빛둥지 다음카페, https://cafe.daum.net/splended
- 국민연금 중앙노후준비지원센터 홈페이지, https://csa.nps.or.kr/main.do
- 국민연금공단, 2023년 11월 기준 국민연금 통계, 2024.02.29.
- 주택금융가이드, '주택연금이란', 한국주택금융공사, https://www.hf.go.kr/
- 가연결혼정보(주), '2024 결혼비용 리포트', 위메이크뉴스, 2024.02.02.
- 오픈서베이, '취미생활 자기계발 트렌드 레포트 2022', 2022.06.13.
- 곽아름, '로빈 던바의 우정의 원', 조선일보, 2022.01.08.
- 데일 카네기, '인간관계론', 중앙경제평론사, 2024.02.27.
- 데일카네기코리아 홈페이지, https://www.carnegie.co.kr/
- 통계청, '2022년 사망원인 통계 결과', 2023.09.21.
- 보건복지부, '장애인 등록_현황', 2022.12.31.
- 꿈고래사회적협동조합 홈페이지, https://dreamwhale.org/
- 지속가능발전포털 홈페이지, https://www.ncsd.go.kr/unsdgs

- 아름다운 가게 홈페이지, https://www.ncsd.go.kr/unsdgs
- 이민지, '환경과 경제를 살리는 제로웨이스트(Zero waste)' 기획재정부 경제 e야기, 2023.05.09.
- 그레타 툰베리, 나무위키, 2024.03.03.
- 아나톨 칼레츠키, '자본주의 4.0', 컬처앤스토리, 2011.08.22.
- KRX ESG포털 홈페이지, https://esg.krx.co.kr/, 한국거래소
- UN Global Compact, 'Who Cares Wins', 2004
- B LAB 홈페이지, https://www.bcorporation.kr/, 사단법인 비랩코리아
- 피터 드러커, '자기경영노트', 한국경제신문, 2019.09.05.
- 김재진, '합리적 인간의 비합리적 선택 왜', 매일경제, 2012.10.10.
- 이코노미스트, '오바마·잡스가 인생에서 제거한 결정 피로', 중앙일보, 2020.12.20.
- Atul Gawande, 'THE CHECKLIST MANIFESTO', Metropolitan Books, 2011.01.04.
- Daniel Kahneman, 'Thinking, Fast and Slow', 2013.02.01.
- 법원행정처, 2022 사법연감, 대한민국 법원, 2022.09.28.
- 조은정, '경주 최씨 부자 이야기', 여원미디어, 2021.
- 이환희, '나훈아 박수칠 때 떠난다', 중앙일보, 2024.02.27.
- 이즘, '은퇴하면 평범한 할머니가 될래요', 채널예스, 2013.10.16.
- Giants TV, 선수 이대호의 공식 은퇴식, youtu.be/LP-TvlKy66I?si=Dac_VMkUThflOYVl, 2022.10.09.
- 미쉐린 가이드 공식 웹사이트, https://guide.michelin.com/kr/ko
- 백년가게·백년소공인 홈페이지, https://www.sbiz.or.kr/hdst/main/mainPage.do
- 성남시상권활성화재단 홈페이지, https://www.smr.or.kr/base/main/view
- 비전성남, '모란전통기름시장 대한민국 제1호 백년기름특화거리 지정', 2022.11.25.

60대에 비로소 보이는 것들

초판 1쇄 발행 2024년 6월 3일

|---|---|
지은이	이상화
펴낸이	이기봉
편집	좋은땅 편집팀
펴낸곳	도서출판 좋은땅
주소	서울특별시 마포구 양화로12길 26 지월드빌딩 (서교동 395-7)
전화	02)374-8616~7
팩스	02)374-8614
이메일	gworldbook@naver.com
홈페이지	www.g-world.co.kr

ISBN   979-11-388-3184-0 (03190)

• 가격은 뒤표지에 있습니다.
• 이 책은 저작권법에 의하여 보호를 받는 저작물이므로 무단 전재와 복제를 금합니다.
• 파본은 구입하신 서점에서 교환해 드립니다.